Uwe Habenicht

Leben mit leichtem Gepäck

Eine minimalistische Spiritualität

UWE HABENICHT

Leben mit leichtem Gepäck

Eine minimalistische Spiritualität

echter

Für Ulrike,
Erdmann, Fridi und Rasmus
In memoriam Frieda Habenicht (1915–2003)

Inhalt

Ab heut
nur noch die wichtigen Dinge
Ab heut
nur noch leichtes Gepäck
(aus Silbermond: „Leichtes Gepäck")

Ein Löffel ist besser als zwei.
(aus Hilde Domin: „Mit leichtem Gepäck")

Ihr sollt euch nicht Schätze sammeln auf Erden,
wo sie die Motten und der Rost fressen …
Sammelt euch aber Schätze im Himmel …
(Matthäus 6,19.20)

Einführung

1. Aufbruch ins Neue?

Vielleicht hat es so begonnen: Vor mehr als acht Jahren haben meine Frau und ich entschieden, für einige Jahre als Pastoren im Ausland zu arbeiten. So haben wir unsere Koffer gepackt, unsere drei Kinder an die Hand genommen und sind nach Italien umgezogen, also gar nicht so weit weg. Und dennoch war dies ein Aufbruch ins Neue, denn mit den veränderten Lebens- und Arbeitsbedingungen begann für mich eine Phase des Nachdenkens darüber, ob mein Glaube eigentlich mehr ist als nur eine religiöse Überzeugung. Angesichts der unübersehbaren Krisen, die unsere Zeit erschüttern (später dazu mehr) richtete sich meine Suche immer mehr darauf, zu ergründen, wie denn aus einem religiösen Glauben ein Lebensstil werden könne, der nicht nur für mich, sondern auch für meine Um- und Mitwelt positive Auswirkungen haben könnte. Denn die Krisenmeldungen über Flüchtlingsströme, die alarmierenden Berichte über die ökologischen Folgen unseres Lebensstils und nicht zuletzt die sich immer mehr zeigende Erschöpfung des Einzelnen, der es nicht mehr schafft, seine gewonnene Freiheit zu genießen, lassen nach einem neuen Lebensstil fragen.

Wenn ich es wage, mein Nachdenken und meine Entdeckungen unter dem Titel *„Leben mit leichtem Gepäck. Eine minimalistische Spiritualität“* einem größeren Publikum vorzustellen, dann deswegen, weil es höchste Zeit ist, Religion neu ins Spiel zu bringen und Gegenmodelle zu fanatischen und fundamentalistischen Haltungen zu entwickeln.

Ausgangspunkt für das Folgende sind meine ökumenischen und interreligiösen Erfahrungen der letzten Jahre, die ich als Auslandspfarrer in Italien gemacht habe. So verdankt sich auch das Modell des „Albergo diffuso“ (der dezentralen Herberge) dieser Zeit, in der ich diese neue Form der „Herberge“ entdeckt habe. Eine wunderbare Art des Zuhauseseins auf Zeit, das die lokalen Gegebenheiten vor Ort berücksichtigt und darüber hinaus Unterschiede nicht in Uniformität einschmilzt. Eine ideale Metapher also für das Miteinander der Religionen, das integraler Bestandteil minimalistischer Spiritualität sein muss, weil unsere Gegenwart die Existenz der Anders-Glaubenden, anderes Glaubenden und der Nicht-Glaubenden (auch für sie ist ganz selbstverständlich Platz im Albergo diffuso) längst nicht mehr verleugnen kann. Meine Erfahrungen der letzten Jahre mit mystischen und meditativen Übungen, mit *MBSR*

(Mindful Based Stress Reduction) und dem Wildnisprogramm *Coyote-Guide*, die dem gestressten Individuum Ruhezeiten, Ausgleich und Heilung zuwachsen lassen, sind ebenfalls in die folgenden Ausführungen eingeflossen. Die heilsame und entlastende Dimension der Religion wurde allzu lange an den Rand gedrängt, obwohl sie es wohl ist, die in der Gegenwart am meisten gesucht wird.

Ich freue mich auf Reaktionen und Kritik, denn minimalistische Spiritualität ist nicht die Sache eines Einzelnen, sondern gemeinsames Weben und Bauen am „gemeinsamen Haus", wie es unlängst Papst Franziskus genannt hat. Über meine Homepage *www.minimalistisch-unterwegs.jimdo.com* oder *UHabenicht@web.de* können Sie mich erreichen.

Gewidmet ist dieses Buch meiner Frau Ulrike und unseren drei Söhnen. Erinnern möchte ich zugleich an meine Großmutter Frieda Habenicht (1915–2003), einer einfachen Protestantin, die mich ganz selbstverständlich sonntags mit in ihre Dorfkirche genommen hat.

Ich freue mich, dass nach der italienischen Ausgabe nun auch eine erweiterte und ergänzte Ausgabe auf Deutsch erscheinen kann.

2. Leichtes Gepäck oder: Wie passt das Kamel durchs Nadelöhr?

Nur mit leichtem Gepäck reist es sich am besten. Diese Erfahrung macht schnell, wer unterwegs ist. Nichts hinderlicher als ein großer schwerer Koffer. Auf der Suche nach einer biblischen Metapher, die diese Erfahrung aufnimmt, stoße ich auf das Bild des Kamels, das versucht, durch ein Nadelöhr zu kommen. In der Begegnung mit einem reichen Mann verwendet Jesus dieses Bild. In biblischer Sprache lassen die Evangelisten einen reichen Mann Jesus fragen: *„Guter Meister, was soll ich tun, damit ich das ewige Leben ererbe?"* (Mk 10,17/Lk 18,18/Mt 19,16). Die Frage des Mannes zielt dabei nicht, wie man auf den ersten Blick vermuten könnte, auf ein mögliches Leben nach dem Tod als vielmehr darauf, zu ergründen, wie er im Hier und Jetzt aus der Kraft des Göttlichen leben könne. Die zunächst schroff wirkende Abfuhr Jesu: *„Was nennst du mich gut? Niemand ist gut als Gott allein"*, ist dabei mehr als nur eine sprachliche Spitzfindigkeit und Korrektur einer missglückten Anrede. Denn Jesus weist damit von sich selbst weg und lenkt den Blick auf Gott zurück. Nicht auf die theologischen Lehrer, nicht auf die weisen Ausleger der Tora, ja nicht einmal auf die rechte Auslegung der Schrift kommt es an, sondern allein auf Gott, bei dem *„alle Dinge möglich sind"* (Mk 10,27). Mit diesem ersten Hinweis überspringt Jesus alle schultheologischen Dispute und konzentriert den Blick allein auf Gott. Denn auch das Halten aller Gebote, das der Mann sogar vorweisen kann, genügt nicht, um in der Gegenwart Gottes zu leben. Erst das Aufgeben des Besitzes und das Eintreten in die Nachfolge Jesu führen in die unmittelbare Nähe Gottes.

Zeigen sich hier bereits erste Konturen minimalistischer Spiritualität, in der, nach Sinn, Erfüllung und gültigem Leben suchend, entdeckt wird, dass solches Leben in der Gegenwart Gottes nicht voraussetzungslos ist? *„Geh hin und verkaufe alles, was du hast, und gib's den Armen … und komm und folge mir nach"* (Mk 10,21). Der Mensch, der sich seiner Sicherheiten nicht entäußert, wird den Weg zum Vater mit Jesus nicht teilen können. Minimalistische Spiritualität ist ein Sich-auf-den-Weg-Machen zu Gott, nachdem (erworbene) Sicherheiten und (liebgewonnene) Besitztümer und Überzeugungen zurückgelassen wurden. Besteht minimalistische Spiritualität aus Loslassen all dessen, woran sich Menschen äußerlich festhalten, und der Konzentration aufs Wesentliche: auf Gott allein?

„Es ist leichter, dass ein Kamel durch ein Nadelöhr gehe, als dass ein Reicher ins Reich Gottes komme“ (Mk 10,25). Die bekannte Metapher Jesu unterstreicht die Unmöglichkeit, dass ein Mensch, ob reich oder nicht, aus eigener Kraft in die Gegenwart Gottes gelangen kann. Das größte Lasttier Palästinas, das Kamel, passt natürlich nicht durch die kleinste Öffnung der damaligen Welt, durchs Nadelöhr. *„Sie entsetzten sich aber noch viel mehr und sprachen untereinander: Wer kann dann selig werden? Jesus aber sah sie an und sprach: Bei den Menschen ist's unmöglich, aber nicht bei Gott; denn alle Dinge sind möglich bei Gott“* (Mk 10,26.27).

So handelt minimalistische Spiritualität von der unmöglichen Möglichkeit für den Menschen, in und aus der Gegenwart Gottes zu leben. Das Einüben dieser unmöglichen Möglichkeit im Vertrauen auf Gott wäre dann nach Jesu Worten das zentrale Motiv minimalistischer Spiritualität, das auch die Mitte der Bergpredigt bestimmt: *„Darum sollt ihr vollkommen sein, wie euer Vater im Himmel vollkommen ist“* (Mt 5,48).

Wie aber sieht nun eine solche Spiritualität, die wir andeutungsweise bereits in dieser Begegnung Jesu entdeckt haben, heute konkret aus? Welchen Anforderungen muss sie genügen, welche Spannungen muss sie aushalten und in was für einem Kontext bewegt sie sich überhaupt?

Beginnen wir also mit der Gegenwart und fragen nach dem, was wir heute am dringendsten brauchen.

I.
Eine Spiritualität für das 21. Jahrhundert

1. Alles fließt! Alles fliegt!

Wie angewurzelt war ich stehengeblieben. Meine Augen folgten den Bewegungen vor mir. Alles schien zu fließen, nein, mehr noch, zu fliegen. Die Farblinien auf dem Bild, vor dem ich in einer Ausstellung moderner Kunst in Varese stand, flogen nur so dahin und zogen mich in ihren Bann. Es war, als blickte ich aus dem Fenster eines dahinrasenden Zuges. Die Landschaft verschwimmt. Häuser und Straßen, Autos und Bäume verschmelzen zu wenigen großen Bewegungslinien. Was für ein Bild! Was für eine Darstellung unserer Gegenwart!

Die Künstlerin verstärkte diesen Eindruck unglaublicher Bewegung noch dadurch, dass sie in der Mitte des Bildes den Vergaser eines Motorinos angebracht hatte, Symbol bewegter Leichtigkeit und wendiger Geschwindigkeit, auf den hin alle Linien zulaufen. *„Alles, was es gibt"* heißt das Bild, und mit dem Titel deutet die Künstlerin Vera Portatadino an, dass diese bewegten Linien unser Lebensgefühl darstellen. Alles ist in Bewegung. Alles, was es gibt, wird in den Strudel der Bewegung freiwillig oder unfreiwillig hineingerissen. Nur ein Element des Bildes scheint sich der Macht der Bewegung entziehen zu können. Im Vordergrund des Bildes sind mehrere schwarze Pfähle zu sehen. Wie Ankerpunkte wirken sie. Wie letzte Zufluchtsorte, die Sicherheit und Ruhe gewähren.

Wenn der Vorsokratiker Heraklit vor mehr als 2500 Jahren sein gesamtes Wissen in dem schlichten Satz zusammenfasste: *Panta rhei* (Alles fließt), dann müsste man heute wohl sagen: Alles fliegt. Die Fließgeschwindigkeit der Post-Moderne oder Spät-Moderne hat sich derart erhöht, dass das Fliegen längst zum Symbol unserer Zeit geworden ist. Wir selbst bedienen uns ständig des schnellsten aller Fortbewegungsmittel, nicht nur um die Traumstrände des Urlaubs zu erreichen. Auch Informationen und Nachrichten fliegen in Millisekunden um den Erdball. Veränderungen in allen Lebensbereichen gehen so schnell vor sich, dass das Gestern mit dem Heute kaum noch etwas zu tun zu haben scheint. Alles fliegt nur noch so dahin.

Und der Mensch selbst? Manchmal hat es den Anschein, als flöge er selbst auseinander, als könne er den Zentrifugalkräften, denen er ausgesetzt ist, kaum noch etwas entgegensetzen. In einem Buch über „Third Culture Kids", also über Kinder und Familien, die durch häufige Umzüge und besondere Lebensumstände häufig ihren Wohnort und damit auch die Kultur wechseln müssen, betonen die Autoren sehr eindrücklich, wie notwendig ein „positiver spiritueller Kern" sei, um den Belastungen standzuhalten: *„Der vierte Grundstein ist das Bewusstsein des Kindes, dass es einen stabilen spirituellen Kern im Leben ihrer Eltern und der ganzen Familie gibt. In einer Welt, in der sich moralische Wertvorstellungen und Verhaltensweisen von einem Ort zum anderen radikal unterscheiden können, ist dieser Grundstein der Schlüssel zu wahrer Stabilität im ganzen Leben."*[1] Leider finden sich im weiteren Verlauf des Buches keine Hinweise dazu, wie eine solche Spiritualität nicht nur für moderne (Arbeits-) Nomaden, sondern auch für alle anderen aussehen könnte. Denn längst schon gehören Neuanfänge, Umzüge und Brüche zum Alltag vieler.

Eine heute relevante Spiritualität müsste also nach Möglichkeiten fragen und suchen, in der globalisiert beschleunigten Spät-Moderne Ruhe- und Haltepunkte zu finden, die dem Einzelnen Orientierung vermitteln, ohne rückwärtsgewandt längst überholte Muster wiederzubeleben. Es gilt nach Wegen Ausschau zu halten, die im 21. Jahrhundert dem autonom gewordenen Subjekt einen Lebensstil aufzeigen, der sich den Herausforderungen der Gegenwart stellt, ohne ihnen ohnmächtig und hilflos gegenüberzustehen und von ihnen zerrissen zu werden.

Jenseits von Handeln und Tun müsste dabei eine Dimension aufscheinen, in der der heillos überforderte und sich ohnmächtig fühlende Einzelne ins Lot gebracht wird. Religiös gesprochen, geht es also um das Heilwerden des Einzelnen im Kontakt mit dem Göttlichen.

2. Minimalistische Spiritualität?

Vor uns liegt also eine Aufgabe, die so schnell nicht zu erledigen sein wird, weshalb sich dieses Buch mehr als ein Anstoß denn als eine abschließende Antwort versteht.

Die Herausforderungen der Gegenwart, die ich im ersten Teil kurz umreißen werde, sind derart immens, dass von Anfang an klar sein wird, dass eine zeitgenössische Spiritualität mehr sein muss als nur eine neue Variante christlicher Überzeugungen. Es ist an der Zeit, Glaube und Religion neu zu verstehen. Die Vorschläge Peter Sloterdijks, Religion als Übungs- und Immunsystem zu verstehen, geben dazu erste wichtige Hinweise. Im Rückgriff auf unterschiedliche Epochen und Gestalten christlicher Geschichte wird sich zeigen, dass christlicher Glaube schon einmal anderes war als nur reine Herzensangelegenheit. Es geht um einen einzuübenden Lebensstil, der alle Lebensbereiche umfassend zentriert und damit den Einzelnen befähigt, auf die globalen ökologischen, ökonomischen und religiösen Herausforderungen individuelle Antworten zu finden.

Das hier vorgestellte Konzept einer „Minimalistischen Spiritualität" ist ein vielgestaltiges, buntes und offenes Mosaik aus Erkenntnissen verschiedenster Bereiche wie Theologie, Religionswissenschaft, Psychologie, Soziologie, Kunst, Pädagogik und Philosophie. Minimalistische Spiritualität fügt zusammen und kombiniert, was sonst fein säuberlich auseinandergehalten wird, obwohl der Mensch doch nur ein Leben hat und obwohl Menschen heute nach einer Mitte fragen, von der her sie ihr Leben bestimmen lassen können. So ist minimalistische Spiritualität mehr als nur Reflexion und Gedankenkonstrukt. Minimalistische Spiritualität leitet zum autonomen Einüben, Umsetzen und Ausprobieren an. Sie formt einen Lebensstil, in dem sich Altes und Neues, Bewährtes und Noch-zu-Erforschendes nach bestimmten Prinzipien und Kriterien neu zusammensetzen. Nicht zufällig orientiert sich die hier vorgestellte Spiritualität am Minimalismus, einer Kunstrichtung. Minimalistische Spiritualität ist religiöse Lebenskunst.

3. Spiritualität

Der Begriff „Spiritualität“, den ich bisher nicht weiter eingeführt habe, kann sehr unterschiedlich gebraucht werden, und bisher zeichnet sich kein einheitlicher Sprachgebrauch ab, weshalb ich nun beschreiben möchte, wie ich diesen ebenso faszinierenden wie schillernden Terminus gebrauchen werde. Im Folgenden wird Spiritualität verstanden als die durch Übung vertiefte Sehnsucht nach Verwandlung durch das Transzendente (oder das Göttliche). Griffiger könnte man auch sagen: Spiritualität ist das kultivierte Verlangen, sich vom Transzendenten durchdringen zu lassen.

Das Ziel dieser Verwandlung besteht für den Menschen darin, dem Transzendenten so zu entsprechen, dass die lebendig machenden und heilsamen Energien des Göttlichen in ihm wirksam werden. Wenn Jesus in der Bergpredigt sagt: *„Seid vollkommen, wie euer himmlischer Vater vollkommen ist“* (Mt 5,48), so fasst er damit den Zielpunkt jeglicher Spiritualität in wenigen Worten zusammen. Der dem Transzendenten entsprechende, gleichförmig gewordene Mensch lässt von jeglichem Tun und Handeln dem Göttlichen gegenüber ab und nimmt empfangend dessen heilsame Kräfte in sich auf. Spiritualität ist im Grunde nichts anderes, als vor Gott mit leeren Händen zu stehen und sich alles schenken zu lassen. Oder, anders gesagt, den eigenen Herzschlag dem Herzschlag Gottes anzupassen und sich davon ganz und gar durchdringen zu lassen.

Die vier wesentlichen Elemente, die sich dann im weiteren Verlauf entfalten werden, sind in dieser Erstdefinition bereits angeklungen: Sehnsucht, Übung, Verwandlung und das Transzendente.

Sehnsucht ist in unserem Zusammenhang mehr als ein flüchtiges Gefühl. Vielmehr zeigt sich in der Sehnsucht ein tiefliegendes Verlangen des Menschen, über sich hinauszugehen, die eigenen Grenzen zu überwinden, um Anteil an etwas zu gewinnen, das ihn wieder heil und ganz werden lässt – über alles Widerständige und Widerstrebende hinweg. Echte Sehnsucht muss kultiviert, *eingeübt* werden. Soll Sehnsucht nicht nur ein Gefühlsanfall oder eine Gefühlswallung sein, sondern Ausdruck eines tief angelegten Verlangens, braucht sie Übung, Zeit und Formen, um sich herauszubilden. „Ad-hoc-Spiritualität" gibt es in diesem Sinne nicht. Der Prozess der *Verwandlung,* auf den Spiritualität zielt, ist nicht nur ein Umdenken in bestimmten Hinsichten, sondern ein die gesamte Existenz neu zentrierender und ausrichtender Lebensstil, gelebter Glaube. Diese Neuausrichtung geschieht durch das *Transzendente* oder durch Gott, wie es in der christlichen Tradition genannt wird.

Wenn ich im Folgenden den abstrakten und offeneren Begriff des Transzendenten bevorzuge, so nur deshalb, weil er helfen kann, neue Aspekte Gottes zu entdecken, die jenseits unserer gewohnten Assoziationen, die mit „Gott" verbunden sind, liegen. So wurde, wie wir sehen werden, der Dynamik Gottes, seiner Erkenntnisgeschichte, bisher zu wenig Aufmerksamkeit geschenkt.

Diese ersten andeutenden Hinweise zur Spiritualität werden sich dann im Hinblick auf die minimalistische Spiritualität deutlich konkretisieren und an Farbe gewinnen, vor allem weil zu zeigen sein wird, dass minimalistische Spiritualität eine gestaltende, der Welt zugewandte Seite hat und zugleich eine, die jenseits von Handeln und Tun das Zurechtbringen und Ins-Lot-Bringen des heillos überforderten Menschen ermöglicht. Es geht also darum, *handeln und sein, geben und empfangen, aktiv und passiv sein* so zusammenzubinden, dass sich dem Einzelnen die heilsamen Kraftquellen des Transzendenten neu erschließen.

4. Vom Minimalismus zum „cult of less"

Als Anfang der 1960er Jahre in den USA eine Gruppe junger Künstler, darunter Donald Judd, Carl Andre und Sol LeWitt, beginnt, ihre Objekte in New Yorker Galerien auszustellen, reagieren Kunstliebhaber und die Kunstkritik irritiert. Die zum Teil abweisend und kühl wirkenden „Objekte" aus für die Kunst bisher ungewöhnlichen Materialien wie Stahl oder unbehandeltem Holz werden zum Teil sockellos direkt im Raum platziert und müssen vom Betrachter begangen oder sogar betreten werden. Trotz ihrer Unterschiedlichkeit weisen alle Kunstobjekte der neu entstehenden Kunstrichtung eine grundsätzliche Gemeinsamkeit auf, die sich im Oberbegriff Minimalismus oder Minimal Art verdichtet. Fast alle minimalistischen Objekte reduzieren die Vielfalt möglicher Formen auf wenige elementare Grundformen und Grundelemente. Diese klare, schlichte und reduzierte Formensprache unterscheidet minimalistische Objekte deutlich von anderen Stilen. Den Minimalisten ging es um die absolute Identität der Form mit sich selbst ohne jedes illusionistische, assoziative Beiwerk: *„Was du siehst, ist, was du siehst"*[2], ließe sich das Credo der Minimalisten zusammenfassen.

Der Versuch, Form, Inhalt und Farbe ohne täuschendes Beiwerk möglichst klar und rein zu einer Einheit zu verbinden und für den Betrachter erlebbar zu machen, lässt den Minimalismus weit über die Kunst hinaus bedeutsam werden. Im Minimalismus steigt die Kunst vom Sockel und verändert durch ihre Anwesenheit konkrete Räume. So wagten etwa bei einer Ausstellung von Carl Andre in New York 1967 viele Besucher nicht, die Galerie, die mit Platten vom Künstler ausgelegt worden war, überhaupt zu betreten und suchten vom Eingang aus vergeblich nach den Kunstwerken. Kunst soll nicht mehr vortäuschen und abbilden, sondern konkret und echt sein. So katapultierte der Minimalismus mit seinen Stilmitteln Reduktion, Klarheit, Bodenhaftung und Ortsbezogenheit die Kunst als einen abgesonderten Bereich ins Leben. Um diesen Bezug zum Leben deutlicher herauszustellen, wählte z. B. Eva Hesse weniger kühle und abweisende als vielmehr zunehmend weiche und natürliche Materialien. So konnte sie darstellen, dass das Leben *„ein aus Bruchstücken gebildetes künstlerisches Ganzes“*[3] ist.

Kein Wunder also, dass sich der Begriff Minimalismus schnell aus dem rein künstlerisch-ästhetischen Bereich löste und zu einem Stilprinzip wurde. Minimalismus bezeichnet heute ein Lebenskonzept, in dem durch Vereinfachung, Klarheit und Reduzierung versucht wird, dem Leben wieder Einheit und Sinn zu verleihen. Minimalisten widersetzen sich dem konsumistischen Überangebot und dem Überschwemmt-Werden durch Dinge und Informationen durch bewusste Zurücknahme, Distanz und Beschränkung auf das Wesentliche. Dadurch entsteht eine neue Freiheit zur Konzentration auf das Essenzielle. In den letzten Jahrzehnten zeigt sich, dass Minimalismus als Lebensstil zunehmend an Breitenwirkung zunimmt. Weniger zu haben und weniger zu verbrauchen gilt als neuer Luxus. In Internetforen wird darüber diskutiert, wie wenig Dinge man zum Leben braucht und ob nicht vielleicht 100 Dinge völlig ausreichend seien.

„Es ist die Geschichte darüber, warum plötzlich jeder jemanden kennt (oder mindestens in einer Talkshow gesehen hat), dessen gesamtes Hab und Gut in einen Rucksack passt. Es ist die Geschichte all dieser Leben und der Idee, die sie verbindet. Deshalb ist es eine Geschichte über einen Lebensstil.

Man kann ihn einfaches Leben nennen oder ‚simple living' oder Minimalismus oder ‚voluntary simplicity'. Für diesen Lebensstil gibt es mehr Wörter, als manche seiner Anhänger Sachen haben."[4]

An diesem von der Kunst inspirierten Stil des Minimalismus orientiert sich minimalistische Spiritualität, wobei das Weniger dabei nicht um seiner selbst willen im Zentrum steht, sondern lediglich den Weg auf das Essenzielle freigeben soll: *„Verkaufe alles, was du hast, und folge mir nach"*, sagt Jesus zum reichen Jüngling. Die Besitzfrage ist also nur ein erster Schritt auf einem langen Weg. Dennoch hat der Minimalismus als Lebensstil durchaus auch für die minimalistische Spiritualität Bedeutung, weil er die sonst so starke Fixierung auf das Haben und Besitzen von Dingen grundsätzlich in Frage stellt.

Bekannt geworden ist die Idee des Minimalismus unter anderem durch den Amerikaner Michael Kelly Sutton, einen Informatiker, der nach einer längeren Reise feststellte, das er all die Dinge, die er während seiner Weltreise bei Freunden abgestellt hatte, eigentlich gar nicht zum Leben bräuchte, und deshalb beschloss, diese zu verkaufen und nur die allerwichtigsten zu behalten. Seine Homepage „cult of less", auf der er alles anbot, was er nicht mehr benötigte, wurde zum Symbol der Minimalismusbewegung.

Schon in den 1960er Jahren des letzten Jahrhunderts schrieb Erich Fromm: *„In der Existenzweise des Habens sind* *nicht die verschiedenen Objekte des Habens das Entscheidende, sondern die ganze Einstellung. Alles und jedes kann zum Objekt der Begierde werden: Gegenstände des täglichen Lebens, Besitz, Rituale, gute Taten, Wissen und Gedanken. All diese Dinge sind nicht an sich ‚schlecht', sie werden schlecht, das heißt, sie blockieren unsere Selbstverwirklichung, wenn wir uns an sie klammern, wenn sie zu Ketten werden, die unsere Freiheit einschränken.*“[5]

Wenn es also um die Grundhaltung geht und nicht um die Zahl der Dinge, die besessen werden, greift auch der Minimalismus als Lebensstil zu kurz, weshalb die religiöse Dimension nicht vernachlässigt werden sollte.

II.
Die Herausforderungen von heute

Um die Herausforderungen, vor denen die Menschheit und jeder Einzelne am Anfang des 21. Jahrhunderts stehen, zu beschreiben, kann ich mich auf einige kurze Bemerkungen beschränken. Denn längst schon sind die Auswirkungen unseres Lebensstils auf alle wesentlichen Lebensbereiche mehr als offensichtlich. Die folgenden Beschreibungen dienen so vor allem dazu, die Fragen und die Aufgaben einer heute relevanten Spiritualität zu umreißen. Denn allzu schnell geraten gerade die offensichtlichen Zusammenhänge, in denen wir uns bewegen, aus dem Blick. Jüngst hat Papst Franziskus in seiner Umwelt-Enzyklika „Laudato si" in besonderer Weise darauf hingewiesen, wie wichtig die Sorge aller um das „gemeinsame Haus" ist. Die Sorgen um dieses gemeinsame Haus sollen nun in den Blick kommen.

1. Die Grenzen des Wachstums – die ökologische Herausforderung

Ein deutliches Zeichen unserer Art zu leben ist der „Earth Overshoot Day"[6], der Tag eines Jahres, an dem die für das gesamte Jahr von der Natur zur Verfügung gestellten Ressourcen verbraucht sind. Der erste errechnete „Overshoot Day" war der 19. Dezember 1987. Zwölf Tage vor Ende des Jahres waren die natürlichen Ressourcen des gesamten Jahres verbraucht worden.

30 Jahre später, also 2017, wurde dieser Tag für den 2. August errechnet. Also in nur etwas mehr als acht Monaten, was ⅔ des Jahres entspricht, war bereits verbraucht worden, was noch für weitere vier Monate hätte ausreichen sollen. Der „Overshoot Day" zeigt auf erschreckende Weise, wie der Mensch seine eigenen Lebensgrundlagen beschädigt. Wir leben jenseits der regenerativen Grenzen unseres Planeten, der zunehmend und unwiederbringlich durch unsere Existenz verändert und zu Grunde gerichtet wird. Die einschlägigen Begriffe wie Klimawandel, Treibhauseffekt, ökologischer Fußabdruck usw. sind ja hinreichend bekannt.

Eine Spiritualität des 21. Jahrhunderts muss auf die ökologische Krise antworten und einen Lebensstil des Weniger entwickeln, der die ökologischen und regenerativen Grenzen der Erde respektiert.

2. Armut und Ungerechtigkeit – die ökonomische Herausforderung

Unserem Wirtschaftssystem gelingt es nicht, die fundamentalen Bedürfnisse aller Menschen zu decken. Nicht nur, dass unsere Art zu wirtschaften die ökologischen Grundlagen der Erde irreversibel zerstört, auch die Grundbedürfnisse von mehr als 13% aller Menschen werden nicht hinreichend gestillt, so dass diesen Menschen nicht einmal 1,25 Dollar pro Tag zur Verfügung stehen. Trotz aller Anstrengungen in den vergangenen Jahren und der insgesamt fallenden Werte gelten anhand des Welt-Hunger-Index noch immer 13,1 % der Weltbevölkerung als unterernährt. Mehr als jedes vierte Kind (28,1 %) weltweit leidet an Wachstumsverzögerung aufgrund von Mangelernährung. Die Sterberate bei Kindern unter 5 Jahren liegt durchschnittlich noch immer bei 4,7 %. Betrachtet man einzelne Weltregionen, etwa Afrika, gesondert, schrauben sich die entsprechenden Werte in bedrückende Höhen.[7]

Die weltweite Finanzkrise, die am 15. September 2008 mit dem Zusammenbruch von Lehmann Brothers ihren Anfang nahm, hat zudem gezeigt, wie wenig unser Finanzsystem dem Wohl und den Bedürfnissen aller dient. Vielmehr scheinen Profit und Gewinn einiger weniger einziges Ziel dieses selbstbezogenen Systems zu sein, das jegliche Ethik und Gemeinwohlorientierung hinter sich gelassen hat. Die expansive Moderne verbraucht und zerstört ihre eigenen Grundlagen.

Darüber hinaus zeigen sich immer mehr die Folgeerscheinungen davon, dass wirtschaftliches Denken und ökonomisches Wachstum zu Schlüsselbegriffen geworden sind, die alle, auch die intimsten Lebensbereiche durchziehen.

Eine Spiritualität des 21. Jahrhunderts müsste Menschen dazu anleiten, die eigenen Grundbedürfnisse wieder wahrzunehmen, Überflüssiges zu vermeiden, Gemeingüter zu teilen und alternative Formen des Wirtschaftens (im Kleinen und Großen) zu erproben. Außerdem muss der Einzelne wieder fähig werden, Widerstandskräfte zu entwickeln, die sich der Übermacht ökonomischen Denkens und Handelns entgegenstellen. Der expansiven wäre das Modell einer „reduktiven Moderne“ (Harald Welzer) entgegenzusetzen.

3. Das erschöpfte und überforderte Individuum – die existenzielle Herausforderung

Wie lassen sich – jenseits von Ökologie und Ökonomie – die Bedingungen und damit die Krisen heutigen Lebens beschreiben? Welches sind die existenziellen Parameter, unter denen Leben heute zu gestalten ist?

Seit einigen Jahren widmet sich der Soziologe Hartmut Rosa dem Studium der gegenwärtigen Lebensbedingungen. Sein besonderes Augenmerk richtet er dabei auf den Faktor „Zeit", der wie kein anderer Lebensrhythmen bestimmt. So sieht Rosa „Beschleunigung" als die zentrale Kategorie an, unter der die Moderne steht.[8] In allen Lebensbereichen zeigt sich Beschleunigung als entscheidender Veränderungsmotor. Im Transportwesen und in der Kommunikation ist der enorme Beschleunigungsanstieg in den letzten Jahren überaus deutlich: Informationen und Waren umkreisen in immer schnelleren Bahnen die Erde. Distanzen haben längst keine Bedeutung mehr. Man lebt, arbeitet und liebt zugleich an vielen verschiedenen Orten.

Auch das soziale Leben unterliegt enormen Beschleunigungsschüben. Vergangenheit ist das, was vergangen ist. Erfahrungen von früher und Werte von einst gelten nicht mehr. Die Zukunft hingegen ist die Zeit, für die unsere Erfahrungen noch nicht gelten. Die Gegenwart nun, und das ist neu, schrumpft wie ein Apfel immer mehr zusammen: Während ich mich früher für die Bewältigung der Gegenwart auf meine gemachten Erfahrungen verlassen konnte, ist das heute nicht mehr so. Meine Erfahrungen und mein Wissen im Umgang mit etwas gelten immer kürzer. Kaum habe ich gelernt, ein neues Computerprogramm zu bedienen, ist es schon wieder veraltet. Ich fahre den Computer hoch und sehe mich einer neuen Oberfläche gegenüber. Das „*Schrumpfen der Gegenwart*" nennt Rosa diese Erfahrung, die Gefühle von Entfremdung und Überforderung hervorrufen. Vor etlichen Jahrzehnten lernte der Sohn vom Vater sein Handwerk und gab es wiederum seinem Sohn weiter. Man lebte und dachte in Generationen. Heute wechselt ein Amerikaner im Durchschnitt elf Mal seinen Beruf. Wie lange gilt, was ich heute lerne? Das fragen sich nicht nur Auszubildende und Studierende.

Ein weiterer Bereich der Beschleunigung bezieht sich auf das individuelle Erleben. Da das Jenseits längst keinen Ausgleich mehr für verpasste Möglichkeiten darstellt, gilt es heute für die meisten, in möglichst kurzer Zeit möglichst viel zu erleben. Im Kontext unseres auf Profit und Gewinn ausgerichteten Wirtschaftens wird Beschleunigung Teil des allgemeinen Wettbewerbs. In allen Lebensbereichen gilt es, schnell und besser zu werden. Alles muss etwas bringen. Wettbewerb und Konkurrenzdenken bestimmen so immer mehr auch die intimsten Bereiche. Wer nicht mithält, fällt zurück. Wer sich nicht nach vorn bringt, wird abgehängt.

Entfremdungserfahrungen, so Rosa, begleiten auch diesen Beschleunigungsvorgang. Immer weniger Menschen kennen ihre nähere Umgebung, weil sie kaum Zeit haben, diese mit Erfahrungen und Erinnerungen zu verbinden. Kaum gibt es noch Werkzeuge und Dinge, die uns lange begleiten und Teil unserer Persönlichkeit werden. Unsere Handlungen und Aktivitäten bilden keinen Zusammenhang mehr. Wir sind mal hier und mal dort. Tun dies und jenes, ohne Orte, Dinge und Erfahrungen miteinander verbinden zu können. Am Ende wird der Mensch sich selbst fremd, weil es kein zusammenhängendes Gewebe mehr gibt, in das er gehört. *„Es gelingt uns nicht mehr, die Handlungs- und Erlebnisepisoden (und die von uns erworbenen Waren) zu einem ganzen Leben zusammenzufügen, und die Kluft zwischen uns und den Räumen, Zeiten, Handlungen, Erlebnissen, Werkzeugen und Produkten unseres Lebens wird immer größer … Selbstentfremdung und Weltentfremdung bezeichnen nicht zwei unterschiedliche Pathologien, sondern zwei Seiten einer Medaille. Sie resultieren aus einem ‚Verstummen' der Resonanzachsen zwischen Selbst und Welt."*[9]

Am Ende steht der überforderte und erschöpfte Mensch. Burn-out ist längst kein Manager-Symptom mehr. Ein anderer Soziologe, Harald Welzer, nennt diesen Prozess *„tiefe Industrialisierung". „In der expansiven Moderne geht es auch hinsichtlich der individuellen Existenz um Vergrößerung und Wachstum. ‚In sich so viel Welt als möglich zu ergreifen'", so hatte das programmatisch Wilhelm von Humboldt formuliert, und heute ist es uns zur zweiten Natur geworden, dass man ‚aufsteigen', ‚sich entwickeln', ‚weiterkommen', ‚lebenslang lernen' muss. Probieren Sie mal, wie Ihre Umwelt reagiert, wenn Sie mitteilen, dass Sie jetzt nichts mehr lernen möchten, es sei nun mal genug."*[10]

Diese Ausgangslage der Moderne lässt danach fragen, wie das Leben des Einzelnen wieder so zentriert werden kann, dass Orientierung, Sinn und Resonanz entstehen können. Das in Einzelteile auseinanderfallende Leben fragt nach Einheit, Entlastung und einer Kraft, die zusammenhält, was wir längst nicht mehr zusammenbringen.

Eine neue Spiritualität müsste in der Lage sein, Auswege aus diesem Beschleunigungskreisel zu ebnen. Verlangsamte Zeiten und verlässliche Orte, an denen der Einzelne dem Beschleunigungsdruck und dem Wettkampfdenken entkommen kann. Orte und Zeiten, an denen er einfach da sein darf – und lernt, dass jenseits von Tun und Selber-Machen Wesentliches empfangen werden kann.

4. Die Religionen und die Gewalt

Gewalt und Kriege, die sich religiös rechtfertigen, sind allerorten anzutreffen. Nicht nur der IS versteht sich religiös. Der Anschlag auf die Zwillingstürme in New York im September 2001 ist zum Symbol religiöser Gewalt geworden und stellt wohl auch einen Wendepunkt in der Wahrnehmung religiöser Gewalt dar. Seit 2001 gebiert die Gewalt gegen die religiös motivierte Gewalt weitere und neue Gewalt. Die Gewaltspirale dreht sich unablässig. Längst schon ist die Farbe der Religion rot. Das Rot der vom Blut unschuldiger Opfer getränkten Erde. Der Dialog der Religionen ist durch die gegenwärtigen Gewaltexzesse immer schwieriger geworden. Fundamentalismus und Radikalisierungen lassen auch innerhalb der einzelnen Religionen den Dialog immer schwieriger werden.

Eine Spiritualität des 21. Jahrhunderts muss auch eine Theologie der Religionen umfassen. Nur ein Religionsverständnis, das ein Klima gegenseitiger Achtung und Anerkennung – bei gleichzeitiger Ablehnung von Gewalt – schafft, wird religiös motivierte Gewalt langfristig überwinden können. Zum Dialog der Religionen gibt es keine Alternative. Die Zeiten rigoroser Absolutheitsansprüche sind endgültig vorbei. Zugleich müsste eine Spiritualität des 21. Jahrhunderts Orte schaffen, an denen gewaltfreie Kommunikation eingeübt und praktiziert wird.

5. Die Krise der traditionellen Kirchen in Europa und die Autonomie des Einzelnen

In Europa befinden sich die orthodoxen und reformatorischen Kirchen sowie die römisch-katholische Kirche in einer tiefgreifenden Krise. In Ländern, in denen die Bürger über ihre Kirchenzugehörigkeit entscheiden können, verlieren die großen Kirchen jährlich Tausende von Mitgliedern. Waren etwa in Deutschland 1970 rund 95 % der Bevölkerung Mitglieder in einer der beiden Volkskirchen und nur 3,7 % keine Mitglieder, so sind es 40 Jahre später bereits 37 %, die keiner der beiden Kirchen angehören. Auch wenn man bedenkt, dass inzwischen viele Anders-Glaubende hinzugekommen sind, hat die Zahl der sogenannten Konfessionslosen auch in anderen europäischen Ländern rapide zugenommen.

Weltweit zeigt sich allerdings ein ganz anderer Trend: Dort nämlich wächst das Christentum, vor allem das Pfingstlertum. Seit 1970 ist die Zahl der pfingstlerischen Christen von damals 7 % auf inzwischen 26 % gestiegen. Jeder vierte Christ gehört also einer Pfingstkirche an. Auch hinsichtlich der Kirchen erleben wir ein erstaunliches Wachstum. Gab es im 19. Jahrhundert rund 1800 unterschiedliche Kirchen, so sind es inzwischen mehr als 33 000.[11]

Der Theologe Friedrich Wilhelm Graf sieht in diesen Verschiebungen ein deutliches Anzeichen dafür, dass der christliche Glaube wandlungs- und anpassungsfähig ist. Immer wieder ist es vor allem im außereuropäischen Raum zu neuen Bewegungen gekommen, die wie die Befreiungstheologie oder das Pfingstlertum oder die feministische Theologie besondere Bedürfnisse einer bestimmten Gruppe aufgenommen und theologisch verarbeitet haben, so dass der christliche Glaube wieder attraktiv und anziehend wurde.

Gerade diese Anpassungsleistung ist aber offenbar in Europa nicht oder kaum vollzogen worden. Das Christentum verliert immer mehr von seiner Anziehungskraft, weil es auf anstehende Fragen und Problemkonstellationen offenbar nicht antworten kann. Spiritualität ist „in", aber die Kirchen bleiben leer, weil es ihnen nicht gelingt, heutige Sehnsüchte und Lebensfragen aufzunehmen.

Die Geschichte der Spiritualität zeigt, dass immer dann eine spezifische Spiritualität (etwa in den Mönchsorden) entstand, wenn es galt, auf gesellschaftliche und existentielle Herausforderungen zu reagieren. Heutige Spiritualität muss den Weg wieder zu den Zeitgenossen finden, für die Anerkennung und Wertschätzung ihrer Autonomie Angelpunkt und Nadelöhr zugleich ist.

„Das unausweichliche Nadelöhr aller religiösen Einsicht ist und bleibt die entstehende religiöse Autonomie. Diese braucht – wie jedes sich entwickelnde Bewusstsein – Raum für Irr- und Umwege, Wachstum, Information, Gespräch, Reibung und Korrektur."[12]

Nur wenn die Kirchen offene Räume bieten, in denen religiöse Autonomie hinreichend Anerkennung findet und sich zugleich reiben und bilden kann, werden die Kirchen wichtige gesellschaftliche Orientierungspunkte bleiben. Heutige Spiritualität verträgt sich nicht mit Belehrung und dogmatischen Setzungen. Erfahrungsbezogen und religiöse Autonomie anerkennend muss eine zeitgemäße Spiritualität sein.

Die Herausforderungen, auf die die Menschheit reagieren muss, sind mehr als offensichtlich. Auch die Notwendigkeit einer neuen Spiritualität, der es – auf der individuellen Ebene ansetzend – gelingt, zur Lösung der großen Fragen etwas beizutragen, scheint mir deutlich. Aber wie sollte eine solche neue und zeitgemäße Spiritualität aussehen und entstehen? Aus welchen Wurzeln und Quellen könnte sie schöpfen?

III.
Beispiele minimalistischer Spiritualität

In diesem dritten Kapitel möchte ich eine „re-lecture“, ein „Wiederlesen“, von vier Beispielen christlicher Spiritualität aus der Geschichte vorschlagen, aus denen sich Mosaiksteine gewinnen lassen, die später dann wesentliche Elemente minimalistischer Spiritualität sein werden. Dieser zunächst historische Zugang wird hilfreich sein, um zu verstehen, dass minimalistische Spiritualität weder etwas ganz Neues noch etwas von der Tradition Abgeschnittenes ist. Vielmehr zeigt sich, dass in der christlichen Geschichte Modelle schlummern, die gerade heute hilfreich und wichtig sein können.

1. Gott und ich – Antonius der Große und die Wüstenväter. Auf dem Weg zu einer autonomen Spiritualität

1.1 Die göttlichen Akrobaten

Als ich vor einiger Zeit den romanischen Kreuzgang des Doms in Cefalù (Sizilien) besuchte, stach mir ein Kapitell ins Auge, das ich so vorher noch nie gesehen hatte: Das Kapitell zeigte Akrobaten, die ihre beiden Beine gänzlich in die Höhe hielten, und dazwischen sah man ihren Kopf. Eine unmöglich scheinende Position. Wie kommt es, fragte ich mich, dass man an einem Ort, der für meditierende Mönche gebaut war, eine solche Darstellung von Akrobaten findet, die sich scheinbar entgegen aller Gesetzmäßigkeiten des Körpers biegen, beugen und strecken? Kein Wunder, dass auch die Kunstgeschichtler in der Deutung dieses Motivs gänzlich uneins sind. Erst wenn man einen genaueren Blick auf die „Vorgänger" der Benediktiner wirft, also auf die ägyptischen Wüstenväter und Wüstenmütter des 4. bis 7. Jahrhunderts, beginnt man zu verstehen, warum die Akrobaten als die geistigen Verwandten der Mönche galten. In der Tat werden wir in den Wüstenvätern und Wüstenmüttern die göttlichen Akrobaten kennenlernen, die die menschlich möglichen Grenzen zu verschieben suchten, um ganz und gar in der Gegenwart Gottes leben zu können.

1.2 Die Wüste[13]

Im 4. bis 7. Jahrhundert entschieden sich zahllose Männer und Frauen dafür, sich als Eremiten (Einsiedler) in die ägyptische Wüste zurückzuziehen. Damit entsagten sie der Sicherheit und Bequemlichkeit städtischen Lebens und setzten sich den widrigen Umständen der Wüste aus.

Ursprünglich bezeichnete der ebenfalls synonym zu Eremit verwendete Begriff „Anachoret" insolvente Schuldner, die sich dem Zugriff der Gläubiger durch die Flucht in die Wüste entzogen.

Immer schon war die Wüste nicht nur ein Fluchtort, sondern auch ein bevorzugter Ort der Gottesbegegnung. Ein Ort der Leere, an dem nichts die Aufmerksamkeit vom Wesentlichen ablenkt, scheint die idealen Bedingungen zu bieten, um die Gegenwart des Göttlichen erfahren zu können. Schon im Alten Testament ist die Wüste der Ort, an dem das Volk Israel durch die Gottesbegegnung am Sinai beginnt zu dem zu werden, was es sein soll: Gottesvolk. Erst durch die 40-jährige Wüstenwanderung lernt Israel dann, was es heißt, wirklich dem *Einen* zu dienen.

Auch der Jude Jesus wird letztlich erst in der Wüste zum Auserwählten Gottes. Nach seiner Taufe, so erzählen es die ersten drei Evangelien, wird Jesus vom Geist Gottes in die Wüste geführt, um dort durch verschiedenste Versuchungen hindurch seinen Auftrag und seine Erwählung zu durchdringen und zu verstehen. Der Mensch, der das Kulturland hinter sich lässt und sich der Wüste aussetzt, fordert sich selbst in einer an sich feindlichen Umgebung heraus. Die Wüste bringt die Welt zum Verschwinden und der Mensch wird zum Einzelnen, der sich den Versuchungen und den Angriffen der (äußeren und inneren) Dämonen aussetzt.

Für die Eremiten der Antike barg die Wüste gleichermaßen Herausforderungen und Chance auf Freiheit. Das Kellion, die selbst errichtete Erdhütte mit ihrem kleinen Garten ringsum, bot dem Eremiten die Möglichkeit, nach seinen eigenen Regeln und Vorstellungen zu leben, allein und – wie wir noch sehen werden – doch auch eingebunden in eine größere Gemeinschaft.

So wird die Wüste zum Ort errungener Bewährung – und erkämpfter Freiheit.

1.3 Biblische Wurzeln

Die Wüste ist integraler Bestandteil biblischer Geschichte. Mose, Elia, Johannes der Täufer und Jesus selbst – sie alle sind in ihrer Entwicklung und mit ihrer Lebensgeschichte untrennbar mit den Erfahrungen der Wüste verbunden.

Die Wüstenväter und Wüstenmütter beziehen sich in ihrer Lebensform aber nicht nur generell auf die biblischen Wüstenerfahrungen, sondern integrieren in ihren neuartigen Lebensstil Impulse und Vorstellungen, die sie im Leben Jesu selbst finden:

Unbehaust leben –
„Die Füchse haben Gruben, und die Vögel unter dem Himmel haben Nester; aber der Menschensohn hat nichts, wo er sein Haupt hinlege" (Mt 8,20).

Obwohl die Eremiten sich ein Kellion errichten, leben sie wie die Füchse und die Vögel ohne rechte Heimat. Wie Jesus haben sie ihre Vaterhäuser verlassen, um Gott zu dienen.

Ohne Familie leben –
„Wer Vater oder Mutter mehr liebt als mich, der ist meiner nicht wert ..." (Mt 10,37). Eremitisches Leben kappt familiäre Bindungen und verzichtet auf familiären Rückhalt.

Ohne Besitz leben –
„Ihr sollt euch nicht Schätze sammeln auf Erden, wo sie die Motten und der Rost fressen ... Ihr könnt nicht Gott und dem Mammon dienen" (Mt 6,19.24).

Wessen Herz an Besitz und Vermögen hängt, kann Gott nicht ungeteilt und mit vollem Herzen dienen. Deshalb verzichten Eremiten auf alles, was nicht unbedingt lebensnotwendig ist.

Trotz dieser überdeutlichen Überschneidungen mit dem Leben Jesu dürfen wir allerdings nicht vergessen, dass der Lebensstil der Eremiten einen entscheidenden Unterschied zum Leben Jesu (und zu der in seiner Tradition stehenden charismatischen Wanderprediger) aufweist: das Fehlen der Verkündigung des Reiches Gottes. Jesus zog umher, um das nahende Reich Gottes möglichst vielen Menschen anzukündigen. Die predigenden Wandercharismatiker der frühen Christenheit zogen von Gemeinde zu Gemeinde, um die endzeitliche Botschaft Jesu weiterzutragen. Die Eremiten der ägyptischen Wüsten verkündigen nichts und predigen niemandem. Ihr Verzicht auf Familie, Reichtum und häusliche Sicherheit ist Teil ihrer asketischen Übungen und dient keinem anderen Zweck als dem einen, sich in die Gegenwart Gottes zu versetzen.

Der Lebensstil, den die ersten Eremiten im 4. Jahrhundert prägen und erfinden, ist also wirklich etwas Originäres, fast möchte man sagen Originelles. Auch wenn wir deutliche Bezüge zu biblischen Vorläufern ausmachen konnten, zeigt sich doch, dass der Bezugsrahmen, in den diese biblischen Elemente eingefügt wurden, diese nachhaltig verändert. Eremitischer Lebensstil ist mehr als Wiederholung und Anknüpfung. Mit den Wüstenvätern und Wüstenmüttern entsteht ein neuer Typ geistlichen Märtyrertums in einer Zeit, in der das blutige Martyrium nicht mehr notwendig ist, um den Ernst christlichen Glaubens zu beweisen.

Nach wie vor fasziniert und überrascht die anachoretische Abwanderung in die Wüste. Wie kann es sein, dass gerade zu dem Zeitpunkt, an dem das Christentum endlich anerkannte und geduldete öffentliche Religion wird, sich eine Bewegung formiert, die all dem den Rücken zuwendet, um in der Abgeschiedenheit der ägyptischen Wüsten das eigene Seelenheil, die eigene Rettung zu suchen?

Den Spuren des heiligen Antonius folgend, ergeben sich möglicherweise erste Antworten.

1.4 Der heilige Antonius und der Beginn einer neuen Bewegung

Der hl. Antonius, der um 272 n. Chr. seine Heimatstadt verließ, um sich zuerst auf einem nahegelegenen Friedhof, später dann immer weiter in der Wüste niederzulassen, gilt als Vater und Begründer der eremitischen Bewegung und Lebensform, auch wenn die Tradition noch andere kennt, die deutlich vor ihm das Leben in der Wüste begannen.

Bekannt wurde Antonius vor allem durch die Biographie, die der heilige Athanasius über ihn schrieb. In den „Apophthegmata Patrum", den gesammelten Aussprüchen und Kurzgeschichten der Väter, finden wir rund 30 kurze Sentenzen und Begebenheiten, die uns die Spiritualität des heiligen Antonius anschaulich vor Augen führen. Die erste dieser Sentenzen beschreibt paradigmatisch den neuen anachoretischen Lebensstil mit seinen wesentlichen Elementen, die ich mit den Zusätzen in den Klammern kennzeichne:

„Als der Altvater Antonius einmal in verdrießlicher Stimmung und mit düsteren Gedanken in der Wüste saß, sprach er zu Gott: ‚Herr, ich will gerettet werden, aber meine Gedanken lassen es nicht zu. Was soll ich in dieser meiner Bedrängnis tun? Wie kann ich das Heil gewinnen?'

Bald darauf erhob er sich, ging ins Freie und sah einen, der ihm glich.

Er saß da (erste Tätigkeit)
und arbeitete (zweite Tätigkeit),
stand dann von der Arbeit auf (erster Übergang)

und betete (dritte Tätigkeit),
setzte sich wieder und (zweiter Übergang)
flocht an einem Seil (erste und zweite Tätigkeit),
erhob sich dann abermals (dritter Übergang)
zum Beten (dritte Tätigkeit).
Und siehe, es war ein Engel des Herrn, der gesandt war, Antonius Belehrung und Sicherheit zu geben. Und er hörte den Engel sprechen: Mache es so und du wirst das Heil erlangen.
Als er das hörte, wurde er von großer Freude und mit Mut erfüllt und durch solches Tun fand er Rettung" (Abbas Antonius 1).[14]

Betrachten wir die einzelnen Elemente dieser kurzen und zunächst unauffälligen Schilderung genauer.

1.5 Einsamkeit und Kampf des Herzens

Als erstes Element fällt die Einsamkeit des Heiligen auf. Als Eremit spricht er mit niemandem. Nur Gott teilt seine Einsamkeit. Und dieser ist es auch, dem Antonius seine Klage und seine Sorge vorträgt. Gott und ich allein – so formuliert ein anderer Wüstenvater die Bedingung und die Voraussetzung der eremitischen Gottsuche. Der Eremit sondert sich ab, um mit all seiner Kraft und Konzentration in der Einsamkeit Gottes Gegenwart finden zu können.

Über den Abbas Arsenius wird Folgendes erzählt: „*Als er sich dann bereits in das Einsiedlerleben zurückgezogen hatte, betete er wieder mit den gleichen Worten. (‚Herr, zeige mir einen Weg, wie ich Rettung finde.') Und er hörte eine Stimme, die zu ihm sagte: Arsenius, fliehe, schweige, ruhe. Das sind die Wurzeln der Sündlosigkeit*" (Abbas Arsenius 40).[15]

Die gesamte Existenz des Eremiten lässt sich also in diesem Dreiklang zusammenfassen: Fliehe (die Menschen), schweige, ruhe. Die Einsamkeit und die Konzentration sind das Eingangstor in die Gegenwart Gottes. Doch birgt die Einsamkeit Gefahren und Gefährdungen, die die Wüstenväter selbst als „Kämpfe des Herzens" bezeichnen. In der ersten Antoniusgeschichte begegnet uns eben dies: Antonius ist niedergeschlagen und betrübt, weil seine eigenen Gedanken ihn nicht zur Ruhe kommen lassen. Immer wieder bezeichnen die Wüstenväter die eigenen Gedanken als Dämonen, die über sie kommen, sie angreifen und aus der Gegenwart Gottes vertreiben wollen. Kein Wunder also, dass das Leben des Eremiten bis zum letzten Atemzug Kampf und Auseinandersetzung ist.

„Wiederum sprach er (Antonius): Wer in der Wüste sitzt und die Stille/Ruhe übt, wird frei von drei Kämpfen: dem des Hörens, dem des Sprechens und dem des Sehens. Nur noch einen einzigen Kampf hat er zu kämpfen, den des Herzens" (Antonius 11).[16]

Das Verringern der äußeren (hören und sehen) und interaktiven (reden) Einflüsse ist Teil der Suche nach der „Hesychia", der inneren Herzensruhe. Diese Herzensruhe ist gleichermaßen Methode und Ziel monastischen Lebens. Im regungslosen Sitzen vor Gott wird die Ruhe des Herzens eingeübt und erfahren. Das Substantiv „Ruhe" bezeichnet dabei die erfahrene Ruhe des Herzens, während das Verb das stille Sitzen als Einübung versteht. Das Kellion, die Behausung des Eremiten, ist deshalb symbolischer Ort seiner ganzen Existenz: Hier übt er und hier erfährt er die gesuchte Herzensruhe.

„Ein Bruder kam in die Sketis zum Altvater Moses und begehrte von ihm ein Wort. Der Greis sagte zu ihm: Fort, geh in dein Kellion und setz dich nieder, und das Kellion wird dich alles lehren" (Abbas Mose 500).[17]

So wird das Kellion zum erweiterten Körper des Eremiten und zum Resonanz- und Erfahrungsraum des Göttlichen. Die auf sich selbst gerichtete Achtsamkeit des Eremiten verwandelt sich mit der Zeit zur Wahrnehmung der Gegenwart Gottes.

1.6 Die drei Tätigkeiten: sitzen, arbeiten und beten

In der ersten Beschreibung des Lebens des heiligen Antonius begegnen uns drei Tätigkeiten, die eremitisches Leben prägen und vor allem strukturieren. Denn erst das Mit- und Nacheinander dieser drei Aktivitäten charakterisiert die besondere Lebensform der Eremiten: sitzend meditieren, mit den Händen arbeiten und Psalmen beten.

Das Sitzen könnte einem flüchtigen Blick in seiner grundlegenden Bedeutung schnell entgehen. Dabei können „Hesychia", die Gottesruhe, und das Sitzen synonym gebraucht werden. Die Sitzhaltung erlaubt es dem Eremiten sowohl zu arbeiten als auch die sogenannte „Melete" zu vollziehen. Unter dem griechischen Ausdruck „Melete" versteht man das, was umgangssprachlich heute unter Meditieren verstanden wird. Allerdings war für den Eremiten die Melete immer an ein Wort aus der Heiligen Schrift gebunden. Sitzend meditierte, rezitierte und bedachte der Mönch einen Bibelvers.

Den Ursprung der von den Mönchsvätern aufgenommenen Meditationsform der Melete finden wir im Alten Testament, in dem dem Glaubenden empfohlen wird, das „Gesetz des Herrn" murmelnd halblaut zu rezitieren und zu wiederholen.[18]

Die ständige Wiederholung von Bibelworten sollte zum einen andere Gedanken fernhalten, andererseits den Meditierenden mit der Gegenwart Gottes erfüllen. Das Wiederholen einiger weniger Bibelworte ist die grundlegende Meditationsform der Anachoreten, weil auf diese Weise auch während der Arbeit das Gebet und der Kontakt zu Gott nicht unterbrochen werden müssen. Nur so konnten die Wüsteneremiten sicherstellen, das Gebot des Paulus zu erfüllen: *„Betet ohne Unterlass“* (1 Thess 5,17).[19]

Das Gebet ist die tragende Säule eremitischen Lebens, weil der Eremit sich betend in den Willen Gottes fügt und sich ihm anpasst. Für die Wüstenväter war das Gebet kein bloßes Mittel zum Zweck, sondern selbst schon Verwurzelung in den Willen Gottes. So bleibt das Gebet bis zum letzten Atemzug auch ein Kampf, denn natürlicherweise hat der Mensch einen eigenen Willen und eigene Ziele, die nicht unbedingt mit dem Willen Gottes übereinstimmen. Der Mensch neigt dazu, auch Gott gegenüber auf seine Unabhängigkeit und Eigenständigkeit zu pochen, weshalb Gebet immer auch Kampf und Auseinandersetzung ist. Deswegen ist eremitische Meditationspraxis an das Lesen der Heiligen Schrift gebunden, denn nur hier begegnet dem Mönch der Wille Gottes. Sich für den in der Heiligen Schrift erkennbaren Willen Gottes zu öffnen und sich ihm anzupassen ist das Ziel der Meditation und aller asketischen Übungen.

Wie wir bereits gesehen haben, beteten die Wüstenväter und Wüstenmütter nicht nur. Sie arbeiteten auch. Die handwerkliche Arbeit stellte eine weitere wichtige Säule ihres Tagesrhythmus dar. Zum Teil ist die handwerkliche Arbeit ganz praktischen Notwendigkeiten geschuldet. So konnte das selbst angebaute Obst und Gemüse aus dem eigenen Garten die sonst sehr einfachen Mahlzeiten bereichern und ergänzen. Das Kellion war meist von einer kleinen Mauer umgeben, die den kleinen Garten und die Wasserquelle schützte. Auf diese Weise konnten die Väter und Mütter ihre aus Ziegelsteinen gebauten Hütten zum Wasserholen oder auch für die Gartenarbeit verlassen, ohne ihren eigenen Bereich überschreiten zu müssen. Fast alle verrichteten daneben Flechtarbeiten: Aus Palmenblättern und Schilfrohr wurden vor allem Körbe und Seile geflochten, deren Verkauf wiederum für den Erwerb von Getreide, Öl und Salz verwendet wurde, aus denen die Grundmahlzeiten bestanden. Auch für Erntearbeiten ließen sich die Wüstenväter hin und wieder anwerben. Jenseits der ökonomischen Notwendigkeit der Arbeit, den eigenen Lebensunterhalt zu bestreiten, diente die Handarbeit auch einem spirituellen Zweck: dem Kampf gegen die Dämonen der Schwermut und der Verdrossenheit. Die Arbeit beschäftigte die Hände und gab dem Tag einen sinnvollen Rhythmus.

Die dritte Tätigkeit, die uns in der ersten Erzählung über den hl. Antonius begegnet, ist das Gebet im Stehen. Anders als die murmelnde Meditation im Sitzen beteten die Wüstenväter einmal täglich Psalmen vor der einzigen Mahlzeit am Abend. Dabei standen sie auf einem Stein in der Mitte der Hütte mit erhobenen Armen.

1.7 Nicht allein: Gemeinschaft

Bisher haben wir das eremitische Leben in der Wüste in seinem Tagesrhythmus kennengelernt. Darüber hinaus gibt es auch den Wochenrhythmus, der uns einen weiteren wichtigen Aspekt eremitischen Lebens zeigt: das Gemeinschaftsleben. Auch wenn es richtig ist, dass der Eremit größtenteils seine Zeit alleine verbringt, darf nicht vergessen werden, dass ein solches autonomes und selbstbestimmtes Leben die Begegnungen und die Treffen mit anderen Eremiten nicht ausschließt, sondern diese Zusammenkünfte geradezu den sozialen Rahmen bilden, in dem eremitisches Leben überhaupt stattfinden kann. Den Sonntag feierten die Wüstenväter und Wüstenmütter, indem sie bereits am Samstagabend in der Kirche ihrer Wüstensiedlung zusammenkamen. Praktisch jede dieser eremitischen Wüstensiedlungen verfügte über eine Kirche oder wenigstens über geeignete Räumlichkeiten, in denen man zum Gottesdienst und zum gemeinsamen Essen zusammenkam. Es wurde eine warme Mahlzeit eingenommen und man trank sogar Wein. Nach diesem Agapemahl – Agape bezeichnet nach biblischer Vorstellung ein Gemeinschaftsmahl – feierte man Gottesdienst, verbunden mit einer Abendmahlsfeier, die von einem Priester geleitet wurde. Die Eremiten selbst waren ja in der Regel Laien, weshalb dem Priester die Rolle zukam, das Gemeinschaftsleben der Mönche zu organisieren. Teil des Gemeinschaftslebens war auch eine Art Ältestenrat, zu dem die erfahrensten Väter gehörten und der über gemeinsame Angelegenheiten entschied. Insgesamt scheinen diese Formen der Organisation des Gemeinschaftslebens eher locker und wenig ausgeprägt zu sein, wenngleich die Bedeutung des gemeinsamen Lebens nicht unterschätzt werden darf.

Sollte ein Eremit nicht zum Agapemahl und zum Gottesdienst erschienen sein, ging man, um nach ihm zu sehen. Gegenseitige Unterstützung in Notsituationen und der Krankenpflege gehörten in jedem Falle zum Gemeinschaftsleben dazu. Auch wenn die Suche nach dem eigenen Seelenheil für die Eremiten an erster Stelle stand, vernachlässigten sie die soziale und diakonische Seite nicht. Im Gegenteil scheint es bei einigen Vätern fast so, als sei die Nächstenliebe das alles entscheidende Prinzip ihres Lebensstils. Sie waren also alles andere als einsame Wölfe und Einzelkämpfer, die nur an sich dachten: *„Abermals sagte er (Antonius): Vom Nächsten her kommen uns Leben und Tod. Gewinnen wir nämlich den Bruder, so gewinnen wir Gott. Geben wir hingegen dem Bruder Ärgernis, so sündigen wir gegen Christus“* (Antonius 9).[20]

Auch in wirtschaftlicher Hinsicht arbeitete man zusammen. So wurden die notwendigen Lebensmittel wie Öl, Salz und Getreide gemeinsam eingekauft. Auch der Verkauf der geflochtenen Körbe und Seile wurde kommunitär organisiert. Offenbar gab es eine Art „Ökonom“, der sich um diese Angelegenheiten kümmerte.

Ein letzter Aspekt des Gemeinschaftslebens ist noch kurz zu erwähnen. Nicht alle Wüstenväter lebten allein. Nicht selten bildeten sich kleine Hausgemeinschaften, in denen ein erfahrener Wüstenvater mit einem oder mehreren Schülern lebte, die von ihm in die eremitische Lebensweise eingeführt wurden. Nach einer solchen Einführungsphase verließen die Schüler dann ihren Meister und bewohnten allein ein eignes Kellion.

2. Die Spiritualität der Wüstenväter als minimalistische Spiritualität

Beschließen wir dieses Kapitel mit einer Zusammenstellung der grundlegenden Elemente eremitischer Lebensweise, die m. E. als charakteristisch für eine minimalistische Spiritualität gelten können. Aber ist es überhaupt angemessen, den Lebensstil der Wüstenväter als minimalistische Spiritualität zu bezeichnen? Und welche Elemente ihres damaligen Lebensstils könnten für eine heutige Spiritualität überhaupt von Bedeutung sein?

2.1 *Der minimale Kreis: Autonomie, Selbstbegrenzung, Beschränkung auf das Nötigste und Gemeinschaft*

Bereits auf den ersten Blick treten die vier miteinander verbundenen Fundamentalaspekte *Autonomie, Selbstbegrenzung, Gemeinschaft und Beschränkung auf das Nötigste* hervor.

a) Beginnen wir mit der Autonomie: *Der Abbas Theodor von Pherme sprach: „Ein Mensch, der in der Umkehr (Buße) steht, ist an kein Gebot gebunden"* (Abbas Theodor von Pherme 279).[21] Rund 1000 Jahre vor der Reformation und noch weit vor der Entdeckung des Individuums als autonome Persönlichkeit lebten die Wüstenväter eine religiöse Freiheit und eine autonome Spiritualität, die fast schon modern anmutet. Ein Zitat des Evagrios Pontiokos (gest. 399), der lange Zeit als Wüstenvater lebte, könnte geradezu als Motto dieser autonomen Spiritualität dienen: *„Verordne dir selbst ein Maß in jedem Werk und steh nicht eher davon ab, bis du es vollendet hast."*[22] Der Anachoret ist eigenverantwortlich für das Maß seiner spirituellen Praxis und seiner Askese. Eine solche Spiritualität fußt auf der individuellen Autonomie des Einzelnen und seiner religiösen Freiheit, zu entscheiden, wie und in welchem Maße er seine religiösen Übungen vollzieht. Und all dies, ohne die eigene spirituelle Praxis zum Maßstab für die anderen zu machen. Ganz im Gegenteil finden wir in den Sprüchen der Väter eine enorme Zurückhaltung darin, anderen Ratschläge zu geben. Nicht selten wird davon berichtet, wie sich Schüler oder andere Wüstenväter vergeblich darum bemühen, einen erfahrenen Abbas zum Reden zu bekommen. Hinter diesem Verhalten steckt mehr als nur verschrobene Kauzigkeit.

In diesem Schweigen liegt das zweite wichtige Element eremitischen Minimalismus: ihre Selbstbegrenzung. Sie sind zurückhaltend darin, andere überzeugen zu wollen oder ihnen etwas aufdrängen zu wollen. Die Wüstenväter ziehen ihren Kreis minimalistisch klein – sowohl was ihren Drang angeht, ihre eigene religiöse Praxis anderen aufzudrängen oder sie zu erklären, als auch darin, sich materiell aufs Wesentliche zu begrenzen. Leben in der Wüste ist per se immer schon *aufs Wesentliche beschränkt*.

Die Wüstenväter reduzieren drittens dieses Minimum dann bis aufs Äußerste, um nicht vom Wesentlichen, ihrer Suche nach Gott, abgelenkt zu werden. Essen, Schlafen, Trinken – all dies reduzieren sie in einem Maße, das fast schon jenseits des Möglichen liegt. Diese Beschränkung auf das Nötigste in materieller und in kommunikativer Hinsicht und die damit einhergehende Konzentration auf das Essenzielle dürften wohl die Spiritualität der Wüstenväter am eindrücklichsten charakterisieren. *„Altvater Arsenios pflegte zu sagen: Für den Mönch ist es genug, wenn er eine Stunde schläft, vorausgesetzt, dass er ein Wettkämpfer ist“* (Arsenios 53).[23]

Der vierte fundamentale Aspekt, die Gemeinschaft, kommt erstaunlicherweise dennoch nicht zu kurz. Der weise Gläubige sucht immer auch die Gemeinschaft mit den anderen, denn der Glaube ist immer mitgeteilter und geteilter Glaube. Der Einzelne, der sich eigenverantwortlich und autonom in seiner Spiritualität übt, ist immer auch Teil einer Gemeinschaft. Deshalb kommen die Eremiten regelmäßig zusammen, essen und trinken gemeinsam und tauschen sich über ihre Erfahrungen aus.

So beschränkt sich minimalistische Spiritualität auf die selbstgestaltete Praxis, stärkt damit die eigene Autonomie, ohne die Gemeinschaft mit anderen aufzugeben.

2.2 Minimalistische Akrobaten des Essenziellen

Zweifellos waren die Wüstenväter in ihrem Minimalismus die unübertroffenen Akrobaten des Essenziellen.

Wie bereits anklang, bezieht sich die Zurücknahme und Beschränkung der Wüstenväter nicht nur auf sie selbst, sondern auch auf alles, was sie zum Leben brauchten. Für die Wüstenväter war der Glaube nicht nur eine religiöse Überzeugung wie etwa ein philosophischer Gedanke, sondern ein Lebensstil, der alles bestimmte. Ihr Glaube war eine Lebensentscheidung, der den Rhythmus des Tages, die Art der Arbeit, das Gemeinschaftsleben und das Gefühlsleben bestimmte. Die Entscheidung, Mönch in der Wüste zu sein, bedeutete den Verzicht auf ein angenehmeres, sichereres und bequemeres Leben. Die Beschränkung des Notwendigen auf das absolute Minimum ist eine der am deutlichsten zu Tage tretenden Eigenschaften eremitischen Lebens sowohl materiell als auch inhaltlich.

So lässt sich ihr Lebensstil wohl am treffendsten als minimalistische Spiritualität bezeichnen, in der die materiellen Bedürfnisse aufs Minimum reduziert werden und in der Meditation die biblische Botschaft in wenigen Worten konzentriert wird. Nur die strikte Ausrichtung auf das Essenzielle hält den Geist offen für die Präsenz des Transzendenten. Dass diese Ausrichtung ein stetiger Kampf war, haben wir bereits beim hl. Antonius gesehen. Wie sehr das Element der Freiheit und des Übens dabei eine Rolle spielt, wird uns im weiteren Verlauf noch deutlicher werden. Denn die selbstbestimmte asketische und spirituelle Übung bildet bei den Wüstenvätern die Folie, auf der sich ihr Glaube spiegelt.

So ist es vielleicht kein Zufall, dass Martin Luther, dem wir uns im nächsten Abschnitt als zweitem historischem Beispiel minimalistischer Praxis zuwenden wollen, über Antonius und die die anderen Wüstenväter überaus positive Worte findet. Sieht er doch in dessen Lebensweise sowohl den Aspekt der Freiheit als auch die Konzentration aufs Essenzielle, das Evangelium, vorbildlich verwirklicht.[24]

3. „... und muss ein Kind und Schüler des Katechismus bleiben"[25] – Martin Luther als spiritueller Meister

3.1 Die Umformung des monastischen Erbes in eine Spiritualität für alle

In der Spiritualität Martin Luthers, so meine Ausgangsthese, drückt sich auf elementare und essenzielle Weise christlicher Glaube aus, den der ehemalige Mönch in Formen übersetzte, die alltags- und familientauglich sind. Dies ist das Spezifische lutherischer Spiritualität: Nicht das Trennende und Abgrenzende steht in ihr im Zentrum, sondern die Essenz christlichen Glaubens einfach und klar in Sprache gefasst. In dieser Hinsicht ist lutherische Theologie und Spiritualität nichts anderes als ein Wiedergewinnen der Quellen christlichen Glaubens.

So wollen wir im Folgenden einige Schriften des Wittenberger Reformators in dieser Perspektive untersuchen und dabei den spezifischen lutherischen Beitrag zu einer minimalistischen Spiritualität herausarbeiten, die das Essenzielle christlichen Glaubens frei- und offenlegt. Zur besseren Orientierung werden die folgenden Schriften Luthers in zeitlicher Reihenfolge behandelt.

3.2 Gelebte Autonomie: Von der Freiheit eines Christenmenschen (1520)

Die Schrift „*Von der Freiheit eines Christenmenschen*" gehört zu den großen Werken aus dem Jahre 1520, in denen Luther nicht nur die Essenz des „neuen" Glaubens erklärt und darlegt, sondern auch viele Hinweise für die Spiritualität des Einzelnen gibt.

Zwei einfache Sätze stellt Luther seiner Schrift über die christliche Freiheit voran:

„*Ein Christenmensch ist ein freier Herr über alle Dinge und niemandem untertan.*

Ein Christenmensch ist ein dienstbarer Knecht aller Dinge und jedermann untertan."[26]

Die gegensätzlichen Behauptungen lassen sich nur verstehen, wenn man weiß, dass Luther den inneren vom äußeren Menschen unterscheidet. Die absolute Freiheit des Christen besteht in Bezug auf seinen Glauben und sein Gewissen, weil dieser sich gerechtfertigt weiß allein durch den Glauben. In allen äußeren Aspekten, die weder seinen Glauben noch sein Gewissen betreffen, ist der Christ ein dienstbarer – und liebevoller – Knecht aller.

Nun ist es für unsern Zusammenhang interessant, dass Luther davon ausgeht, dass Übung sowohl für den inneren als auch für den äußeren Menschen notwendig ist. Der innere Mensch übt sich in und nährt sich durch das Wort

Gottes.[27] Fasten, wachen und arbeiten hingegen üben den leiblichen Teil des Menschen.[28]

Für beide Ebenen seines Daseins ist nach Luther allerdings die Autonomie jedes einzelnen Christen ausschlaggebend. Niemand anderes als der Einzelne selbst kann entscheiden, in welchem Maße und wie der Glaube nach innen einzuüben und nach außen auszuüben ist.[29]

Auffallend ist, dass Luther sein sehr weit gefasstes Freiheitsverständnis an unablässiges Üben und Einüben knüpft. Nur durch das eingeübte und einverleibte Wort Gottes kann christliche Freiheit ausgeübt werden. Wer sich von der Quelle seiner Freiheit entfernt, strandet und vertrocknet, weil ihm der Grund seiner unermesslichen Freiheit abhandengekommen ist. Das ständige Lesen und Wiederholen des Wortes Gottes, also der Umgang mit der Bibel, ist zweifellos ein Teil des monastischen Erbes Luthers, der es als Mönch gewohnt war, täglich mehrere Stunden mit der Bibel zu verbringen. Diese ersten Hinweise gilt es im Folgenden zu vertiefen.

3.3 *Üben, üben, üben: Von den guten Werken (1520)*

Die Schrift *„Von den guten Werken"*, ebenfalls aus dem Jahr 1520, stellt nicht nur den ersten umfassenden Text zur lutherischen Ethik dar, sondern entfaltet anhand der Zehn Gebote die Bedeutung der Übung für das christliche Leben. Das erste Gebot *(„Ich bin der Herr, dein Gott")* bildet dabei mehr als nur den Anfangs- und Ausgangspunkt. Vielmehr wird deutlich, dass es das grundlegende Prinzip und Kriterium der christlichen Existenz ist. Nach Luthers Auslegung fordert jedes Gebot ein bestimmtes Werk des Menschen. Auf die Selbstvorstellung Gottes im ersten

Gebot kann der Mensch allerdings mit keinem Tun und keinem Werk angemessen reagieren. Auf die Offenbarung Gottes kann der Mensch lediglich mit seinem Vertrauen antworten. Kein Werk der Hände, keine Leistung seiner Kräfte reicht an das Vertrauen heran, das Gott vom Menschen erwartet. Dem ersten Gebot entspricht lediglich das glaubende Vertrauen des Menschen.

„Sieh, das ist das Werk des ersten Gebotes, in dem geboten ist: ‚Du sollst keine anderen Götter haben.' Das heißt soviel wie: Weil ich allein Gott bin, sollst du auf mich allein deine ganze Zuversicht setzen und auf niemand andres. Denn das heißt nicht, einen Gott haben, wenn du äußerlich mit dem Munde Gott nennst oder ihn auf den Knien und mit Gebärden anbetest, sondern wenn du ihm herzlich vertraust und alles Gute, Gnade und Wohlgefallen von ihm erhoffst, sei es im Wirken oder Leiden, im Leben oder Sterben, in Lieb oder Leide."[30]

Wenn nun alle anderen Gebote von diesem ersten Gebot abhängen, dann können alle übrigen Werke, die die anderen neun Gebote fordern, ebenfalls nur im Glauben und im Vertrauen getan werden. Nur der auf Gott vertrauende Mensch wird in der Lage sein, gute Werke zu vollbringen. Also nicht auf das Werk an sich und das Geleistete kommt es an, sondern lediglich darauf, ob es im Vertrauen auf Gott getan wurde. Vertraut der Mensch auf seine eigenen Kräfte und benutzt seine Werke lediglich dazu, vor Gott bestehen und ihm etwas vorweisen zu wollen, macht er seine Werke zunichte, weil er Gott nicht in sich wirken lässt.[31]

Dieser Ausgangspunkt hat erhebliche Konsequenzen für das Verständnis des gesamten Lebens als Übungsfeld. Denn alles, was der Mensch tut, was ihm widerfährt, was er erleidet, wird ihm zum Spiegel, in dem er erkennt, ob und inwieweit er bereits in der Lage ist, Gott wirklich zu vertrauen und alles aus seiner Hand zu nehmen. Besonders eindrücklich finde ich eine Beschreibung Luthers, in der er zeigt, wie sich der Charakter des 7. Gebots, „*Du sollst nicht falsch Zeugnis reden wider deinen Nächsten*", in dieser Perspektive verändert: „*So komme nun her, wer da fragt, was er tun solle, damit er gute Werke tue, Gott gefällig und selig werde: Er nehme sich seinen Feind vor, stelle stetig dessen Bild vor die Augen seines Herzens und mache daraus eine solche Übung, dass er sich daran besänftige und sein Herz gewöhne, freundlich von diesem zu denken, ihm das Beste zu gönnen, für ihn zu sorgen und zu beten … Sieh da, das ist ein kurzes Gebot, aber eine lange und große Übung in guten Werken und im Glauben wird uns darin gezeigt.*"[32]

Als Ziel dieses Weges beschreibt Luther den „*durchgeübten*" Glaubenden, den nichts mehr in seinem Vertrauen erschüttern kann. „*Um solche Werke und den alten Adam in uns zu töten, schickt uns Gott viele Anstöße auf den Hals, die uns zum Zorn bewegen; viele Leiden, die zur Ungeduld reizen … Er schickt Leiden und Unfrieden, damit er uns lehre, Geduld und Frieden zu halten; er lässt auf sein Geheiß sterben, damit er lebendig mache; so lange, bis der Mensch, durchgeübt, so friedsam und still werde, dass ihn nichts mehr bewegt, es gehe ihm wohl oder übel, er sterbe oder lebe, er werde geehrt oder geschändet. Da ist dann kein Menschenwerk mehr … Da führt der Mensch sich nicht selber. Da gelüstet ihn selbst nichts und da betrübt ihn auch nichts, sondern Gott selbst führt ihn.*"[33]

Das Leben als Vertrauensschule und Einübung in den Glauben, das ist für Luther christliche Existenz in all ihren Höhen und Tiefen. Wo der Mensch sich selbst zurücknimmt, seine eigenen Kräfte und sein eigenes Vermögen auf ein Minimum reduziert und sich ganz auf den Glauben stützt, wo kein Menschenwerk mehr ist, da beginnt Gott zu wirken und sich gegenwärtig zu machen. Auch über die Jahrhunderte hinweg spürt man die Kräfte, die in diesem Verständnis des Lebens als Übung und der Übung als heilsame Minimierung des eigenen Vermögens wirken.

3.4 *Das Gebetbüchlein (1522/1529)*

Besonders die kurzen Auslegungen der drei Hauptstücke *Zehn Gebote, Vater Unser und Glaubensbekenntnis*, die die wichtigsten Stücke in Luthers Gebetbüchlein sind, geben einen guten Einblick in Luthers Form der Spiritualität und Meditation in dieser Phase seines Lebens.

3.4.1 Eine kurze Form der Zehn Gebote, des Glaubensbekenntnisses und des Vater Unser

Zunächst muss Luthers ungewöhnlicher Zugang zum Thema Gebet auffallen und verwundern. Denn was haben, strenggenommen, die Zehn Gebote und das Glaubensbekenntnis mit dem Gebet zu tun? Doch stoßen wir bereits in diesen frühen Jahren auf eine Besonderheit Luthers: Mit außergewöhnlichem Geschick versteht er es nämlich, die Essenz christlichen Glaubens, die sich in diesen drei Grundtexten findet, mit dem Gebet, also mit der Praxis existenzieller Aneignung, zu verbinden. Gerade diese drei Hauptstücke bieten nach Luther alles, was ein Christ über seinen Glauben wissen muss und was die Heilige Schrift enthält, in kurzer, einfacher, verständlicher und vollständiger Form. Um recht beten zu können, muss ein Christ zunächst die notwendigen Grundkenntnisse erwerben, die er sich durch das wiederholte Rezitieren der Zehn Gebote und des Glaubensbekenntnisses aneignet. Das eigentliche Gebet, das Vater Unser, folgt dann als letzter Schritt.

Sein Gebetbüchlein einleitend, verwendet Luther eine prägnante Metapher für dieses Vorgehen: Die Zehn Gebote lehren den kranken Menschen die notwendige Medizin zu erkennen. Wie in einem Spiegel erkennt der Mensch durch die Zehn Gebote seine Gebrechen und seine Unfähigkeit, das zu tun, was er eigentlich tun sollte. Das Glaubensbekenntnis zeigt dem Menschen dann, wo sich die Medizin befindet, die seine Gebrechen heilen könnte. Im Vater Unser erfährt der Mensch dann, wie er diese Medizin für sich bekommen kann.

Dieser lange Weg zum Gebet dient also dazu, den Menschen in die Lage zu versetzen, so zu beten, dass er, sich selbst richtig einschätzend, der heilenden Kraft Christi teilhaftig werden kann. In ungewöhnlicher Weise gelingt es Luther durch die Kombination der drei Hauptstücke, Wissensvermittlung, Selbsterkenntnis und Gebet so aneinander zu binden, dass sie für den Glaubenden zu einem Übungsweg werden, auf dem er zu einer Form des Gebetes geführt wird, die ihn als Bittenden, der nichts vorzuweisen hat, ins rechte Verhältnis zu Gott setzt.

Aus seinen eigenen Schilderungen über seine Gebetspraxis in *„Eine einfältige Weise zu beten, für einen guten Freund"* wissen wir, dass Luther selbst sich dieses Weges bediente.[34]

Die Originalität des hier vorgeschlagenen Weges tritt noch deutlicher zu Tage, wenn wir uns vor Augen führen, welche Sprechsituation durch diese Vorgehensweise entsteht. Was geschieht, wenn der Beter mit lauter Stimme, wie Luther es vorschlägt und selbst getan hat, das erste Gebot, *„Ich bin der Herr dein Gott"*, rezitiert? Die laut gesprochenen Worte lassen eine Gesprächssituation entstehen, in der der unsichtbare und vorgestellte Gesprächspartner (Gott) durch die Stimme des Betenden präsent wird und der Beter selbst zum Hörenden wird. Noch bevor der Beter selbst Eigenes formulieren und vorbringen kann, wird er zum Hörer der Selbstvorstellung des anwesend abwesenden Gottes. Durch das Sprechen des Glaubensbekenntnisses verändert sich dann die Sprechsituation: Der Beter spricht in eigener Person: *„Ich glaube …"* Auf die Selbstvorstellung Gottes antwortet der Beter mit dem Bekenntnis seines Glaubens an den Gott, der näherhin nun nicht einfach mehr nur der transzendente Gott ist, sondern als Vater, Sohn und Heiliger Geist in den Blick kommt. Noch bevor der Beter also zum eigentlichen Gebet vordringt, hat sich eine Gesprächssituation eingestellt, in der sich beide Gesprächspartner vorgestellt haben und in Beziehung zueinander getreten sind. Das Vater Unser als Gebet nun bringt eine weitere Annäherung mit sich: Gott wird zum angesprochenen Vater: Vater unser im Himmel …

In diesem Dreischritt gelingt es Luther auf eindrückliche Weise, die Essenz des christlichen Glaubens mit deren existenzieller Aneignung zu verbinden.

Bereits 1520 hatte Martin Luther demnach das Grundmodell seiner Spiritualität entwickelt, das Lehre und Aneignung, Essenz und Gebet miteinander aufs Engste verknüpft. Die beiden Katechismen aus dem Jahr 1529 fußen auf diesem Grundmodell.

3.4.2 Für Große und Kleine: die beiden Katechismen

Im Juli 1528 war Luther beauftragt worden, in den umliegenden Dörfern in Kursachsen und Meißen Visitationen abzuhalten, um eine Übersicht zu bekommen, wie weit bei den Pfarrern und Gemeinden die reformatorischen

Ideen fortgeschritten waren. Zudem sollten die Visitationen als Leitungs- und Führungsinstrumente dienen. Die Zustände, auf die Luther dabei stieß, ließen den Reformator schier verzweifeln: „*Hilf, lieber Gott, wie manchen Jammer habe ich gesehen, dass der gemeine Mann doch so gar nichts weiß von der christlichen Lehre, sonderlich auf den Dörfern, und leider viel Pfarrherr fast ungeschickt und untüchtig sind zu lehren, und sollen doch alle Christen heißen, getauft sein, der heiligen Sakramente genießen, können weder Vater Unser noch den Glauben oder Zehn Gebote, leben dahin wie das liebe Vieh und unvernünftige Säue …*“[35]

Diese enttäuschenden Erfahrungen zeigen Luther, dass seine reformatorischen Erkenntnisse noch lange nicht in den Köpfen und Herzen der Menschen angekommen sind. Es zeigt sich, dass Predigen allein nicht ausreicht, um Menschen zu erreichen. Vielmehr setzt sich in Luther immer mehr die Einsicht durch, dass nur durch persönliches Aneignen und Üben der christliche Glaube zu verstehen ist. Das paulinisch-reformatorische Prinzip, nach dem sich Glaube allein aus dem Hören ergibt, gerät hier also in eine nicht zu unterschätzende Krise, weshalb sich Luther genötigt sieht, nach weiteren Formen der Aneignung christlichen Glaubens zu suchen.

In seinen Predigten in Wittenberg und anderswo legte Luther immer wieder die Zehn Gebote, das Glaubensbekenntnis, das Vater Unser, Tauf- und Abendmahlswort aus. Was lag also näher, diese fünf Hauptstücke, in denen er die Essenz des christlichen Glaubens sah, zur Grundlage seiner Katechismen zu machen. Und weil Predigen allein offenbar nicht ausreichte, den Glauben hinreichend zu erklären, bediente sich Luther dieser Traditionsstücke nicht nur als Zusammenfassung des christlichen Glaubens, sondern auch als Anleitung zur persönlichen Aneignung und zum Gebet. So bietet die Struktur der Katechismen, vor allem die des kleinen Katechismus, eine einfache und verständliche Form des Lernens und Betens.

Den Gebrauch des Katechismus empfiehlt Luther in drei aufeinanderfolgenden Phasen. Als ersten Schritt schlägt er vor, die fünf Hauptstücke im genauen Wortlaut auswendig lernen zu lassen.[36] Wiederholen und Auswendiglernen sind die Voraussetzung für den zweiten Schritt, in dem zur Bedeutung des Gelernten für das eigene Leben übergegangen wird. „*Zum anderen, wenn sie den Text nun wohl können, so lehre sie hernach auch den Verstand (Sinn/Verständnis), dass sie wissen, was es gesagt (bedeute) …*"[37] Die Erklärungen Luthers zu den einzelnen Sätzen der Hauptstücke, die jeweils mit der Frage „Was ist das?" eingeleitet werden, wollen nicht ewige und einzige Wahrheit sein, sondern dazu anleiten, das eigene Leben vor Gott wahrzunehmen und zu deuten. Das Wort Gottes soll die aktuelle Lebenssituation des Beters möglichst konkret treffen und erhellen. Der Übungs- und Lernweg endet dann mit einem letzten Schritt, der weiteren Vertiefung. „*Zum dritten, wenn du sie nun solchen kurzen Katechismus gelehret hast, alsdenn nimm den großen Katechismus für dich und gib ihn auch reichen und weiteren Verstand.*"[38] So entfaltet der große Katechismus dieselben Hauptstücke, jedoch wesentlich ausführlicher und breiter.

3.5 *„Ich geb's euch so gut, wie ich es habe ..." – Eine einfältige Weise zu beten (1535)*

Wie wir bereits gesehen haben (3.4.1), ist die kleine Schrift „*Eine einfältige Weise zu beten, für einen guten Freund*" von

1535 von unschätzbarem Wert für das Verständnis der Gebetspraxis und der Spiritualität Luthers. Denn in keinem anderen Selbstzeugnis beschreibt Luther so detailliert, wie er selbst betet und meditiert. Die persönliche Widmung an seinen Barbier, Arzt und langjährigen Freund, Meister Peter Beskendorf, erzeugt überdies einen intimen und persönlichen Rahmen.

In dieser Schrift, in der Luther ganz konkret zum Beten anleitet, begegnet uns die Dreierreihung der wichtigsten Hauptstücke, die wir bereits kennengelernt haben, erneut. Interessant an dieser Schrift erscheint zunächst die Offenheit und Freiheit, die Luther dem Leser einräumt: „*Lieber Meister Peter, ich geb's euch so wie, wie ich's habe und wie ich selber mich beim Beten verhalte. Unser Herr Gott gebe es euch und jedermann, es besser zu machen. Amen.*"[39] Also nicht kanonische Gültigkeit der eigenen Praxis, sondern einen beispielhaften Vorschlag möchte Luther hier machen. Letztlich wahrt Luther hier die von ihm eingeräumte und gegen Bevormundung erkämpfte Freiheit eines Christenmenschen. Sodann sehen wir, dass er sich selbst und auch allen anderen Christen zugesteht, nicht immer freudig und willig zum Beten zu sein, weshalb er für das „Erwärmen des Herzens" die Rezitation der Zehn Gebote und des Glaubensbekenntnisses vorschlägt. Dieser Annäherungsweg soll das Herz auf Gott zubewegen und eine hörende Öffnung des Herzens bewirken. Der letzte Schritt ist das eigentliche (persönliche) Gebet, das wiederum einen solchen Annäherungsweg zu vollziehen hat.

Beispielhaft erklärt Luther im Folgenden, wie er einzelne Verse oder Sätze meditiert: „*Wenn ich aber Zeit und Raum habe außer dem Vaterunser, mach ich es mit den zehn Geboten auch so und hole ein Stück nach dem anderen, damit ich ja ganz frei werde (soweit das möglich ist) zum Gebet. Und ich mache aus einem jeglichen Gebot ein vierfaches oder ein vierfach gedrehtes Kränzlein, so nämlich: Ich nehme jedes Gebot zum ersten als eine Lehre an, wie es denn an sich ist, und denke, was unser Herr Gott darin so ernstlich von mir fordert. Zum zweiten mache ich eine Danksagung daraus, zum dritten eine Beichte zum vierten ein Gebet ...*"[40]

Mit diesen knappen Worten entwirft Luther ein Meditationsmodell, das grundlegender für das Lesen der Bibel nicht sein könnte. Die vierfache Perspektive lässt den Beter in besonderer Weise mit Gott in Dialog treten. Denn der vierfache Blick auf dieselbe Sache eröffnet dem Meditierenden verschiedene Zugänge zum Gesagten bzw. Gelesenen. Erstaunlicherweise nimmt Luther damit das grundlegende Kommunikationsmodell der humanistischen Psychologie, die von Friedemann Schulz von Thun entwickelt wurde, vorweg: Auch Schulz von Thun geht von der Tatsache aus, dass jede Nachricht vier grundlegende Aspekte enthält: Information/Sachaspekt (Lehre), Beziehungsaspekt (Dank), Selbstwahrnehmung (Beichte) und Appell (Bitte/Gebet).

Durch seine inhaltliche Ausrichtung des Kommunikationsmodells gelingt es Luther, den Meditierenden zu einer ganz bestimmten Selbstwahrnehmung zu führen. Denn indem etwa der Beziehungsaspekt als Dank interpretiert und verstanden wird, nimmt sich der Beter vor Gott zuerst und vor allem als jemand wahr, der bereits empfangen hat und dessen Beziehung zu Gott durch Dank geprägt wird. Erst dann folgt die kritische Selbstwahrnehmung in Form der Beichte und des Gebets als Bitte. In nuce und durch seinen strukturierten Aufbau enthält diese Meditationsform bereits das, was als Luthers reformatorische Entdeckung gilt: die Rechtfertigung des Sünders allein durch den Glauben. Der Mensch wird vor Gott gerecht, indem er sich Gottes Gerechtigkeit schenken lässt. Der Verzicht auf Selbstrechtfertigung, die Begrenzung des Menschen in seinen Möglichkeiten, Gott etwas geben und vor ihm etwas leisten zu können, führt so heilsam zum Zurechtbringen des Menschen. Die Gnade Gottes geht jeder menschlichen Leistung voraus. Das Meditationsmodell Luthers ist die existenzielle und strukturelle Einübung dieser Erkenntnis.

4. Luther als Meister minimalistischer Spiritualität

Luthers unbedingter Wille, Theologie und Spiritualität auf die Essenz christlichen Glaubens, die er als Rechtfertigung des Gottlosen allein durch Glauben versteht, zurückzuführen und alles zu beseitigen, was den Blick darauf verstellt, machen ihn zu einem Meister minimalistischer Spiritualität. Das zum Heil des Menschen notwendige Minimum sollen die Menschen verstehen und sich aneignen können, ohne sich durch überflüssige und menschliche Traditionen ablenken zu lassen. Aber nicht nur diese Reduktion auf das Essenzielle macht Luther zu einem Minimalisten. Wie auch bei den Wüstenvätern finden wir bei ihm neben dieser *Reduktion aufs Wesentliche* weitere Aspekte minimalistischer Spiritualität: die *Autonomie des freien Christenmenschen*, die *heilsame Selbstbeschränkung* des Menschen vor Gott, der erkennt, dass er diesem nichts vorzuweisen hat, sondern alles von ihm empfangen muss, und die *Gemeinschaft,* die für Luther immer im Hintergrund steht, weil die meditierten und rezitierten Texte von allen

Christen ebenfalls meditiert und rezitiert werden. Vor allem die Katechismen verweisen auf die Hausgemeinschaft, die zum primären Ort religiösen Übens wird. Ein weiteres Element, dem wir bisher bei den Wüstenvätern wenig Beachtung geschenkt haben, ist die Übung. Für Luther ist die tägliche Übung, morgens und abends, selbstverständlich und notwendig. Der Umgang mit der Heiligen Schrift ist der Freiheitsgrund des Christen. Deshalb muss der Christ mit der Bibel umzugehen lernen und sein ganzes Leben wird zum Übungsfeld seiner Spiritualität.[41]

5. Die Wunden der Zeit erkennen – das öffentliche und politische Element der Spiritualität

Obwohl der Bezug der bisher vorgestellten Modelle minimalistischer Spiritualität zur jeweiligen Zeit sowohl bei den Wüstenvätern als auch bei Martin Luther unausgesprochen mitbedacht wurde, soll es im Folgenden ausdrücklich um diesen Zeitbezug gehen. Die anfangs geschilderten Krisen unserer Gegenwart lassen nach entsprechenden Antworten seitens einer angemessenen Spiritualität fragen. Jede Spiritualität muss auf die „Wunden der Gegenwart" reagieren, wenn sie sich in die Nachfolge Jesu stellt. Das Doppelgebot der Liebe fordert nicht nur die Hingabe an das Transzendente, sondern auch die Hinwendung, den Dienst am Nächsten und die Fürsorge für alles, was seine Lebensbedingungen beeinflusst. Dieses politische Element minimalistischer Spiritualität, die sich ja ausdrücklich als Antwort auf die Fragen zu Beginn des 21. Jahrhunderts versteht, gilt es nun anhand zweier Beispiele zu verdeutlichen. Dietrich

Bonhoeffer und Roger Schutz besaßen eine außerordentliche Sensibilität für die Wunden ihrer unmittelbaren Gegenwart.

5.1 *„Nur wer für Juden schreit, darf gregorianisch singen" – Dietrich Bonhoeffer*

Im April 1945, wenige Tage vor dem Sturz des Hitlerregimes, wurde der Theologe und Pastor Dietrich Bonhoeffer auf persönliche Anordnung Adolf Hitlers zum Tode verurteilt. Am 8. April wurde Bonhoeffer in Flossenbürg gehängt. Bonhoeffer gehörte seit den 1930er Jahren zur sogenannten Bekennenden Kirche, die sich der Gleichschaltung der Kirche mit dem Hitlerregime widersetzte. Im Untergrund bildete er u. a. in Finkenwalde zukünftige Pastoren aus. 1939 schloss sich Bonhoeffer dann dem aktiven Widerstand gegen Hitler an. Seine guten ökumenischen Kontakte ins Ausland und seine großbürgerliche Herkunft verschafften ihm Zugang zur Widerstandsgruppe um Canaris und Donanyi. Bereits in seinem 1935 gehaltenen Vortrag *„Die Kirche vor der Judenfrage"* war Bonhoeffer zu dem Schluss gekommen, dass es nicht ausreiche, den unter die Räder gekommenen Opfern zu helfen, sondern dass es vielmehr geboten sei, dem Rad in die Speichen zu fallen. Auch sein im Seminar des Öfteren wiederholter Satz: „Nur wer für Juden schreit, darf gregorianisch singen" zeigt seine Sensibilität für die Gegenwart, in der er lebte.

Am 21. 2. 1944 schreibt der in Berlin-Tegel seit April 1943 inhaftierte Bonhoeffer an seinen Freund und späteren Biographen Eberhard Bethge folgende Zeilen über den Zusammenhang von Glaube und politischem Engagement: *„Die*

Grenzen zwischen Widerstand und Ergebung sind also prinzipiell nicht zu bestimmen; aber es muss beides da sein und beides mit Entschlossenheit ergriffen werden. Der Glaube fordert dieses bewegliche, lebendige Handeln. Nur so können wir die jeweilige gegenwärtige Situation durchhalten und fruchtbar machen."[42]

Dieses bewegliche Handeln ist eines der wesentlichen Elemente minimalistischer Spiritualität, weil es nur dadurch gelingen kann, sich entschieden der Gegenwart mit all ihren Nöten, Wunden und Krisen zuzuwenden.

Ein weiteres Beispiel solcher Sensibilität für die Gegenwart finden wir bei Frère Roger, dem Gründer der Gemeinschaft von Taizé.

5.2 *Kampf und Kontemplation – Frère Roger und die Gemeinschaft von Taizé*

1940 – ganz Europa ist vom Krieg gezeichnet – kommt der 25-jährige Roger Schutz in ein kleines Dorf namens Taizé in der Nähe von Cluny in Frankreich. Dort, wenige Kilometer vor der Grenze zum freien Teil Frankreichs, beginnt der junge Schweizer Flüchtlinge aufzunehmen, in erster Linie Juden, denen er hilft, den von den deutschen Nazis besetzten Teil Frankreichs zu verlassen. Nach und nach sammelt sich um Roger Schutz eine kleine ökumenische Gemeinschaft, die im Gebet und in der Nähe zu den Leidenden ihre Berufung entdeckt. „Kampf und Kontemplation", so ein Buchtitel von Frère Roger, der dann wenig später die Gemeinschaft von Taizé gründet und ihr als Prior vorsteht, benennt die beiden Pole, in denen sich die Sensibilität der Bruderschaft für die Gegenwart ausdrückt.

Einige wenige Passagen aus dem genannten Buch sind ausreichend, um zu zeigen, wie nah sich Bonhoeffer und

Frère Roger in ihrem Versuch sind, Spiritualität und politisches Engagement zusammenzudenken.

„Kampf und Kontemplation: Lassen wir uns so weit führen, bis sich unser ganzes Leben zwischen diese beiden Pole spannt?[43]

Gottes Wille ist das Engagement für die Menschen, die Opfer des Menschen sind. Während des Zweiten Weltkrieges beteten in Europa viele Christen, ohne zu merken, was um sie herum vor sich ging, vor allem in den Vernichtungslagern."[44]

„Gott hat den Menschen als soziales Wesen geschaffen und ihm eine ‚politische' Berufung gegeben. Fällt darum die Kontemplation leichter, wenn sie in Gemeinschaft mit anderen geschieht?

Das Schweigen der Kontemplation. In jedem von uns verbergen sich Abgründe, Unbekanntes, Zweifel, wilde Leidenschaft, geheimes Leid ..., aber auch Schuldgefühle, niemals Eingestandenes, so sehr, dass sich uns ungeheure Leeren auftun ... Wenn wir Christus mit kindlichem Vertrauen in uns beten lassen, werden eines Tages die Abgründe bewohnbar sein. Eines Tages, später einmal, werden wir feststellen, dass sich in uns eine Revolution vollzogen hat.

Dieses Glück freier Menschen ist der Motor in unserem Kampf für alle Menschen, mit allen Menschen. Es bedeutet Mut, Energie, um Wagnisse einzugehen. Es ist überströmende Freude."[45]

Eindrücklicher kann man wohl die Kraft des Schweigens und das Engagement für die Schwachen nicht zusammenbinden. Noch heute steht die Gemeinschaft in Taizé für dieses Miteinander von offener Spiritualität und sozialem Einsatz.

6. Literarisches Zwischenspiel: Hast du ein Taschentuch?

Die deutschsprachige Schriftstellerin Herta Müller hat aus Anlass der Nobelpreisverleihung (2009) von der Notwendigkeit, Schriftstellerin zu werden, berichtet. Ihre Nobelpreisrede nimmt das Motiv des Taschentuches auf, nach dem ihre Mutter sie stets fragte, bevor sie aus dem Haus ging. Das Taschentuch Herta Müllers könnte so etwas wie ein literarisches Beispiel minimalistischer Spiritualität sein, weil sich in diesem so alltäglichen Gegenstand das Essenzielle auf das absolute Minimum verdichtet und reduziert.

„*Hast du ein Taschentuch, fragte die Mutter jeden Morgen am Haustor, bevor ich auf die Straße ging. Ich hatte keines. Und weil ich keines hatte, ging ich noch mal ins Zimmer zurück und nahm mir ein Taschentuch. Ich hatte jeden Morgen keines, weil ich jeden Morgen auf die Frage wartete. Das Taschentuch war der Beweis, dass Mutter mich am Morgen behütet. In den späteren Stunden und Dingen des Tages war ich auf mich selbst gestellt.*“[46]

Nachdem man Herta Müller ihr Büro weggenommen hatte, weil sie sich nicht zur Kollaboration mit dem rumänischen Geheimdienst Securitate bereit erklärt hatte, kehrte das Taschentuch als wichtiges Objekt zurück: „*Da ich jetzt erst recht nicht fehlen durfte, aber kein Büro mehr hatte, und meine Freundin mich in ihres nicht mehr lassen durfte, stand ich unschlüssig im Treppenhaus. Ich ging die Treppen ein paar Mal auf und ab – plötzlich war ich wieder das Kind meiner Mutter, denn ICH HATTE EIN TASCHENTUCH. Ich legte es zwischen der ersten und zweiten Etage auf eine Treppenstufe, strich es glatt, dass es ordentlich liegt, und setzte mich darauf. Meine dicken Wörterbücher legte ich aufs Knie und übersetzte die Beschrei-*

bungen von hydraulischen Maschinen. Ich war ein Treppenwitz und mein Büro ein Taschentuch.“

Die Bedeutung eines kleinen Objektes, wie es ein Taschentuch ist, liegt darin, dass es in so verschiedenen Situationen wichtig wird. Für Herta Müller wird das Taschentuch zu einer sicheren Insel, zu einem verlässlichen Anker in einer feindlichen Umwelt. Nicht zufällig schreibt Müller: *„Kann man sagen, dass gerade die kleinsten Gegenstände, und seien es Trompete, Akkordeon oder Taschentuch, das Disparateste im Leben zusammenbinden?“*

Ja, sogar so etwas Kleines wie ein Taschentuch kann Sicherheit und Würde schenken. Die Erfahrungen Herta Müllers, die sich auf ein Taschentuch beziehen, gelten auch für die Funktion minimalistischer Spiritualität: auf etwas zurückgreifen können, das Würde und innere Sicherheit gibt.

„Ich wünschte mir, ich könnte einen Satz sagen, für alle, denen man in Diktaturen alle Tage, bis heute, die Würde nimmt – und sei es ein Satz mit dem Wort Taschentuch. Und sei es die Frage: HABT IHR EIN TASCHENTUCH?“

Alles, was für Müller zur Zeit der Diktatur im Rumänien der 1960er Jahre das Taschentuch war, ließe sich ausdehnen auf die minimalistische Spiritualität. Die Suche nach einer minimalistischen Spiritualität besteht in eben dieser Frage: Habt ihr so etwas, das euch gegen Einsamkeit und Verzweiflung schützt?

„Kann es sein, dass die Frage nach dem Taschentuch seit jeher gar nicht das Taschentuch meint, sondern die akute Einsamkeit des Menschen?“

7. Die Grundelemente minimalistischer Spiritualität

Die Beispiele aus der Geschichte, die wir bisher betrachtet haben, lassen erste Konturen und Grundelemente einer minimalistischen Spiritualität erkennen, die wir nun zusammenstellen wollen.

Das *erste* grundlegende Element ist zweifellos die *Beschränkung aufs Essenzielle.*

Die Bewegung der Wüstenväter stellte sich mit ihrem Rückzug in die Wüste dem enormen Wachstum der christlichen Gemeinden nach der Konstantinischen Wende, also nach der Anerkennung des Christentums als erlaubter Religion, entgegen. Denn mit diesem Wachstum nach den vorangegangenen Verfolgungen der Christen ging – aus Sicht der Eremiten – eine Aufweichung christlichen Lebens einher. Die Lebensweise der Wüstenväter setzte dem eine Lebensführung entgegen, die bewusst auf alles verzichtete, was zu einem „normalen" Leben (Besitz, Familie, Beruf etc.) dazugehörte. Die Beschränkung auf das Wesentliche, also die Ausrichtung auf die Gegenwart Gottes in Gebet und Arbeit, vollzog sich dabei unter maximaler Reduzierung von allem, was nicht absolut lebensnotwendig war.

Auf der inhaltlichen Ebene finden wir dieselbe Ausrichtung auch bei Martin Luther, der sich in seiner gesamten Theologie und Spiritualität darum bemühte, zu den Wurzeln christlichen Glaubens zurückzukehren, indem er sämtliche Traditionen auf das Essenzielle reduzierte. Alles, was nicht „Christum treibet", also den direkten Zugang zur befreienden Gerechtigkeit Gottes ermöglicht, wurde aus dem Zentrum an den Rand gedrängt. Die Beschränkung aufs Essenzielle hat also sowohl eine materielle Seite als auch eine spirituelle. Damit minimalistische Spiritualität wirklich ein Lebensstil sein kann, der auf die Krisen der Gegenwart antwortet, sind beide Dimensionen gleichermaßen bedeutsam. Minimalistische Spiritualität beschreibt eine neue Kultur des Umgangs mit den materiellen Dingen und spirituellen „Essenzen".

Das *zweite* Element minimalistischer Spiritualität besteht in der Übung. Sowohl für Martin Luther als auch für die Wüstenväter gehörte zum Glauben unablässiges Üben. Nur eingeübter Glaube ist Glaube im eigentlichen Sinn. Nur wer sich täglich darin übt, die Präsenz der Transzendenz wahrzunehmen, wird erleben, wie er sich in einem Transformationsvorgang, einem Prozess der Verwandlung, befindet. Geistliche Übungen und das Lesen der Bibel helfen dabei, sich der Transzendenz anzunähern und ihr gleich zu werden. Nur wer den Glauben einübt, wird ihn auch ausüben können, d. h., nur wer sich die Gegenwart Gottes einverleibt, wird aus ihr heraus handeln können. Mit Disziplin, Leidenschaft und Ausdauer gilt es, ein Netz der Gewohnheit zu knüpfen, das im Alltag und in besonderen Situationen trägt. Ohne Ausdauer bleibt die Sehnsucht nach Transzendenz diffus. „Ad-hoc-Spiritualität" gibt es im strengen Sinne nicht. Spiritualität ist angeeignete und eingeübte Religion. Weil dem Aspekt der Übung für das Gesamtverständnis von Spiritualität eine so tragende Rolle zukommt, werden wir darauf nochmals zu sprechen kommen.

Das *dritte* Element ist die *Autonomie des Individuums.* Nicht selten bleibt traditionelle Frömmigkeit an die offizielle Lehre der Kirche gebunden, die die religiöse Autonomie des Einzelnen einzuschränken sucht. Minimalistische Spiritualität hingegen befreit sich von Vorschriften anderer und macht den Glaubenden frei, entsprechend den eigenen Bedürfnissen eine persönliche Form der Spiritualität zu entwickeln. Voraussetzung religiöser Autonomie ist allerdings eine Phase der Vorbereitung und des Lernens. Bevor sich Unerfahrene in der Wüste als Eremiten niederließen, lebten sie mit einem älteren Wüstenvater zusammen, um sich in dessen Lebens- und Glaubensweise einführen zu lassen. Nicht zufällig hat auch die Reformation einen starken Bildungsimpuls gehabt. Der mündige Christ soll fähig sein, selbst lesen zu können, um die Bibel für sich auszulegen und meditieren zu können. Gerade für Menschen, die der Religion ohnehin schon kritisch gegenüberstehen, dürfte das Element der Autonomie von besonderer Bedeutung sein. Steht doch die Religion im Ruf, dem Einzelnen seine Entscheidungs- und Denkfreiheit zu nehmen. Das Gegenteil ist wahr: Glaube macht autonom und korrigiert falsch verstandene Autonomie, die sich im Gegensatz zu Gemeinschaft und Bindung versteht. Damit stehen wir schon beim nächsten Element.

Das *vierte* Element, *Gemeinschaft,* korrigiert somit falsch verstandene Autonomie.

Glaube kann keine Angelegenheit ausschließlich des Einzelnen sein. Sich in eine Tradition zu stellen bedeutet ja schon per se, in Gemeinschaft zu glauben, auch wenn der Glaube dann individuell unterschiedlich angeeignet und gelebt wird. Gerade auch der Austausch über Erlebtes, Erlittenes und Reflektiertes ist nicht nur für die Eremiten bei ihren wöchentlichen Zusammenkünften fundamental gewesen. Nur blinde Autonomie könnte die gegenseitige Abhängigkeit alles Lebendigen leugnen.

Das *fünfte* zentrale Element, die *Sensibilität für die Wunden der Gegenwart*, haben wir in besonderer Weise bei Dietrich Bonhoeffer und Frère Roger entdeckt. Jede Spiritualität reagiert auf die eine oder andere Weise auf die jeweiligen Bedürfnisse der Gegenwart. Nach wie vor ist Dietrich Bonhoeffer mit seinem Einsatz gegen das Hitlerregime in Deutschland ein leuchtendes Beispiel für diese Sensibilität, die in ein Engagement gegen die destruktiven Kräfte mündet. Eine solche engagierte Sensibilität lässt sich nicht kopieren und nachahmen. Es gilt, sie immer wieder neu in der jeweiligen Gegenwart zu entwickeln, zu schärfen und in konkretes Engagement umzusetzen.

Zusammengenommen ergeben diese fünf Elemente ein erstes Bild davon, welche Stärken eine neu verstandene Religiosität und Spiritualität haben könnte. Der historische Rückblick hat somit erste Strukturen dieser neuen Spiritualität freigelegt, die es nun im Weiteren zu vertiefen gilt. Deshalb sollen im folgenden Kapitel die Rahmenbedingungen modernen Lebens umrissen werden, innerhalb derer diese fünf Elemente ihre Wirkkraft entfalten könnten.

IV.
„Denn das Gute, das ich will, das tue ich nicht ..." – Rahmenbedingungen moderner Existenz

Wenn minimalistische Spiritualität auf die Krisen der Gegenwart antworten soll, können die Rahmenbedingungen, die heutiges Leben bestimmen, nicht außer Acht gelassen werden. Das Zitat aus Römer 7, das ich als Überschrift dieses Kapitels gewählt habe, zeigt bereits, dass der Moderne ein tragisches Element innewohnt: „*... denn dass die Widersprüche strukturell unaufhebbar sind, ist das Tragische, das anzuerkennen die Moderne sich weigerte.*"[47]

Oder mit den ernüchternden Worten Hartmut Rosas, dessen Resonanztheorie ich noch vorstellen werde: „*Resonanz bleibt das Versprechen der Moderne. Entfremdung aber ist ihre Realität.*"[48]

Indem der Mensch das von ihm Gesuchte und Erhoffte mit seinen üblichen technischen Mitteln zu erreichen sucht, entweicht es ihm und zerfällt vor seinen Augen. Dies gilt es nun genauerhin zu entfalten.

1. Sportliches Zwischenspiel: Auf der Suche nach Primärerfahrungen im Extremsport

Auf der Suche nach Konturen und Rahmenbedingungen, innerhalb derer sich modernes Leben abspielt, tun wir gut daran, einen Seitenblick auf einen Bereich zu werfen, der zunächst nichts mit unserem Thema zu tun zu haben scheint: Extrem- und Risikosport, also Sportarten, in denen Menschen Ultra-Triathlen bewältigen, Wüsten zu Fuß durchqueren oder sich von Hochhäusern mit Minifallschirmen stürzten. Überraschenderweise werden uns gerade in diesem extremen und doch inzwischen tief in unserer Gesellschaft verankerten Freizeitbereich wichtige Elemente begegnen, die überraschende Parallelen zur Spiritualität aufweisen und etwas über die Bedürfnisse heutiger Individuen aussagen. Wie sich sogleich zeigen wird, lassen sich Risiko- und Extremsportarten als mögliche Antworten bzw. Gegenreaktionen auf die Lebensbedingungen der Spätmoderne verstehen. Die Motive und Motivationen, die uns dabei begegnen, verweisen also nicht nur auf die konkreten menschlichen Bedürfnisse, die unter den Bedingungen der Moderne entstehen, es lassen sich auch Konturen dessen erahnen, wie etwas „gestrickt" sein muss, damit Menschen der Gegenwart darin finden, was sie suchen. *„Erst die fortgeschrittene Moderne schafft durch ihre Dynamik die Voraussetzungen dafür, dass Menschen sich freiwillig und ohne Not in einer Sondersphäre des Sozialen in riskante Situationen hineinbegeben können und wollen …"*[49]

In seiner Studie zu Extrem- und Risikosportarten hebt der Soziologe Karl-Heinrich Bette folgende Merkmale und Motive hervor, die zu den genannten Extremaktivitäten führen:

Zum einen erzeugen Risikosportarten in einer von Sicherheit und Routine und damit auch von Langeweile und Leere geprägten Gesellschaft ein neues Gefühl von *Lebendigkeit und Spannung.* Die Angst kehrt zurück – und macht Spaß. Man genießt es, aus der Sicherheit der arbeitsteiligen Gesellschaft auszusteigen und sich wieder lustvoll aufs Spiel zu setzen.

Zum Zweiten erleben Extremsportler, die monatelang auf einem Segelboot allein sind oder eine Eiswüste durchqueren, ein starkes Gefühl der *Autonomie* und der Selbstermächtigung. Während sich das Individuum im gesellschaftlichen Kontext vor allem als kleines Teil eines großen Ganzen erlebt, verleihen extremsportliche Aktivitäten dem Individuum die Möglichkeit, sich selbst als autonom und handlungsfähig wahrzunehmen und zu beobachten.

Drittens zeigt sich, dass Risikosportarten fast immer stark an *körperliche Funktionen* gebunden sind, die in der *Natur* zum Einsatz gebracht werden. Wer die durch abstrakte Kommunikation geprägte Gesellschaft verlässt und sich in die Natur begibt, trifft dort auf einen Bereich, der durch seine Eigengesetzlichkeit den ganzen Menschen in seiner Körperlichkeit herausfordert.

Viertens suchen Menschen, deren *Identität* nicht mehr durch die Zugehörigkeit zu einer Familie, einer Zunft oder einer Religion abgesichert ist, nach Möglichkeiten, ihre Individualität zu formen und darzustellen: *„Denn die Einzigartigkeit einer Person lässt sich in besonderer Weise durch die Einmaligkeit einer extremen Tat beweisen.“*[50] Das Risiko wird so selbst zum Ort der Identitätsfindung: *„Im Risiko lässt sich die eigene Unsicherheit darüber bearbeiten, wer man eigentlich ist.“*[51]

Darüber hinaus kommt ein gesellschafts- und konsumkritisches Moment zum Tragen: *„Körperorientierte Risikobereitschaft deutet auf eine Persönlichkeit hin, die in einer Welt der Waren, des Konsums und des anstrengungsfreien Sich-Auslebens die Fähigkeit besitzt, subtil nein zu sagen, sich der Masse zu verweigern und eigensinnig einem anderen Weg zu folgen.“*[52] Das Eingehen von Risiken, ja das Inkauf-Nehmen von körperlichen Schäden gilt den Extremen ebenfalls als Unterscheidungsmerkmal: *„Extremsportler wollen es sich nicht ‚gutgehen lassen' und ihre Körper mit Wellnessangeboten entspannen. Sie gefährden ihre Gesundheit vielmehr bewusst, denn so können sie auf Distanz zum Üblichen gehen und sich selbst Signale der Besonderheit geben. Für die Extremen fängt die Sinngebung dort an, wo die Gesundheits- und Wohlfahrtsorientierung aufhört."*[53]

Die Suche nach *primären Erfahrungen*, also körperlichen und sinnlichen Erfahrungen aus erster Hand, sind *fünftens* ein weiteres Merkmal. *„Offensichtlich hat die Entstehung einer funktional differenzierten und hochtechnisierten Gesellschaft einen Bedarf an sinnlich orientierten Eigenerfahrungen hervorgerufen … Im Meer der Kontingenzen, Widersprüche und Komplexitäten übernehmen selbstgemachte Erfahrungen die Aufgabe, Abstraktion und Körperdistanzierung zu kontern. Menschen profitieren von dieser Hinwendung, weil körperbasierte Wahrnehmungsleistungen ein Sicherheitsfundament erschließen helfen, das allein durch die Teilhabe an symbolisch-abstrakten Zeichensystemen in einer vergleichbaren Weise nicht herstellbar ist."*[54] Mit anderen Worten: Nur über leibhaftige Erfahrungen lässt sich heute Sicherheit erzeugen, weshalb Spiritualität ohne Körper- und Naturbezug an grundlegenden Bedürfnissen vorbeigehen würde.

Der Erschütterung von Gewissheiten und dem Abhandenkommen von Eindeutigkeit setzt der Risikosport *sechstens* eindeutige, konkrete und wahrhaftige Situationen, kurz *Evidenz*, entgegen, die den ganzen Menschen in Beschlag nehmen.

Diese kurze soziologische Analyse von Karl-Heinrich Bette dürfte ausreichend sein, um zu verstehen, dass der Risiko- und Extremsport die Strukturen erahnen lässt, die eine heutige Spiritualität haben muss, um den individuellen Bedürfnissen der Gegenwart zu entsprechen.

„Folgt man dieser Argumentationsfigur, dann stellt der Risiko- und Extremsport eine gesellschaftlich protegierte Nische dar, die dem modernen Subjekt die Möglichkeit eröffnet, außeralltägliche Erfahrungen zu sammeln, die Üblichkeiten der bisherigen Existenz hinter sich zu lassen und sich vom Alltagskörper und Alltags-Ich loszureißen, um anschließend ein neues Verhältnis zu sich selbst und seinen Alltagserfahrungen einzunehmen.“[55] Mit anderen Worten: Das moderne Subjekt sucht in der nichtalltäglichen und den ganzen Körper beanspruchenden Begegnung (Risiko) mit einem Nicht-Ich (z. B. Natur) nach Transformation, um verwandelt in den Alltag zurückkehren zu können. Nicht zufällig tauchen also in den soziologischen Formulierungen die zentralen Begriffe (minimalistischer) Spiritualität wieder auf. Der einzige – und vielleicht entscheidende – Unterschied liegt darin, dass die Begegnung mit dem Transzendenten kein äußeres Risiko, wohl aber eine innere Gefährdung, ein inneres Beben darstellt. Rudolf Otto hatte 1917 in seinem Buch „Das Heilige“ diesen Aspekt des Transzendenten *„tremendum“* genannt. In der Begegnung mit dem Mysterium tremendum widerfährt dem Menschen diese erschütternde Erfahrung: *„Ich nichts, Du alles!“*[56] Eine alles durchdringende Erfahrung, die das Subjekt neu zu orientieren vermag.

Somit könnte minimalistische Spiritualität auf die Bedürfnisse der vielen antworten, die nach individuellen Primärerfahrungen Ausschau halten, in denen das Abenteuer und Risiko nicht außen, sondern innen zu suchen ist. Die dabei mitschwingenden Motive sind in beiden Bereichen in jedem Fall verwandt.

Für das letzte Kapitel unsers Buches bleibt dann zu fragen, inwiefern Körper- und Naturorientierung auch für die minimalistische Spiritualität wichtig werden könnten, damit es zu primären Erfahrungen aus erster Hand kommt. MBSR und naturbezogenes Achtsamkeitstraining werden helfen, diesen Aspekten hinreichend Geltung zu verschaffen. Zunächst soll es aber darum gehen, einen bisher noch verdeckten grundlegenden Zusammenhang sichtbar zu machen.

2. „Alles beginnt mit der Sehnsucht" – Auf der Suche nach Resonanzerfahrung

Der Seitenblick auf Extrem- und Risikosport hat uns gezeigt, wie sehr Menschen in der Moderne nach primären Erfahrungen suchen. Doch was genau soll sich in solchen Erfahrungen erschließen? Wonach sucht ein (Extrem-)Sportler, wenn er sich in einem Ultratrail eine Woche lang über und durch eine Bergkette quält? Welche Sehnsucht treibt ihn dazu, sich derartigen körperlichen und psychischen Qualen auszusetzen? Ist es nur die Begegnung mit sich selbst und der Natur? Oder geht es um eine Erfahrung, die eben jenseits der Selbst- und Naturerfahrung liegt? Geht es möglicherweise gerade um die Wechselbeziehung zwischen einem Ich und einem „Nicht-Ich"? Doch worin besteht diese „Wechselbeziehung", und welches sind die Bedingungen dafür, dass sie gelingt? Diesen Fragen wollen wir nun in einer letzten Vertiefung nachgehen, die auch die Bemühungen minimalistischer Spiritualität nochmals in einem neuen Licht erscheinen lässt. Denn die bisherigen Beschreibungen minimalistischer Spiritualität blieben in ihrer Tiefendimension unvollständig, wenn sie nicht zu einem Zentralbegriff der Moderne und der Spiritualität in Beziehung gesetzt würden: zur

Sehnsucht. *„Alles beginnt mit der Sehnsucht, immer ist im Herzen Raum für mehr“*, lautet die erste Zeile in dem bekannten Gedicht „Sehnsucht“ von Nelly Sachs, die damit einem grundlegend modernen Zeitgefühl Ausdruck verliehen hat.

Gleich zu Beginn hatte ich bei dem Versuch, Spiritualität zu beschreiben, der Sehnsucht ebenfalls eine zentrale Rolle zugeschrieben. Bereits im ersten Kapitel hatte ich Spiritualität verstanden als die durch Übung vertiefte Sehnsucht nach Verwandlung durch das Transzendente oder kürzer noch: als das kultivierte Verlangen, sich vom Transzendenten durchdringen zu lassen. Wie nun im Anschluss an die soziologischen Studien Hartmut Rosas zu zeigen sein wird, lässt sich Sehnsucht als grundlegendes Suchen nach Resonanz zu verstehen: *„Resonanz ist zunächst als ein menschliches Grundbedürfnis und eine Grundfähigkeit zu verstehen … Zweitens aber sind Menschen existentiell vom Verlangen nach Resonanzbeziehungen geprägt. Menschliches Begehren lässt sich deshalb schlechthin als Resonanzbegehren interpretieren.“*[57]

Wenn es stimmt, dass Sehnsucht nach Resonanz ein grundlegendes menschliches Bedürfnis ist, ist damit auch die Landkarte gezeichnet, in die sich die religiöse Sehnsucht nach Transformation durch das Transzendente als vertikale Ausdrucksform menschlichen Resonanzbegehrens einzeichnen lässt. Was nun genauer unter Resonanzerfahrung zu verstehen ist, soll in den folgenden Abschnitten anklingen.

2.1 Resonanzerfahrung

„Wenn Beschleunigung das Problem ist, dann ist Resonanz vielleicht die Lösung.“[58]

„Diese These lässt sich indessen nur dann seriös und mit den Mitteln der zeitgenössischen Soziologie erhärten, wenn es uns gelingt, über das gelingende Leben mehr zu sagen, als dass es sich gut anfühlt. Und ich bin fest davon überzeugt, dass sich darüber mehr, dass sich darüber Substanzielles und Systematisches sagen lässt, ohne den Boden der empirisch fundierten Sozialwissenschaften zu verlassen und in den Bereich des Spekulativen … abzudriften …"[59]

Mit diesen einleitenden Sätzen eröffnet der Soziologe Hartmut Rosa seine Studie zum Thema „Resonanz", in der er zeigen will, dass es durchaus möglich ist, gelingendes Leben zu beschreiben, ohne ins „Phantasieren" abzuschweifen. Indem Rosa versucht, die Frage nach gelingendem Leben wieder ins wissenschaftliche Gespräch zu bringen, richtet er sich gegen eine lange Tradition, in der die Frage nach dem richtigen Leben grundsätzlich ausgeklammert worden war. *„Die zentrale Frage, was ein gutes von einem weniger guten Leben unterscheidet, lässt sich dann übersetzen in die Frage nach gelingenden und misslingenden Weltbeziehungen."*[60]

Die Voraussetzung dafür, über gelingende oder misslingende Beziehungen des Menschen zu allem, was nicht er selbst ist, zu urteilen, liegt dann in dem Verständnis des Menschen als einem Sein, das sich immer schon in einer Welt vorfindet, also in vielerlei Beziehungen zur Welt steht. Der Mensch ist eben kein abgelöst für sich existierendes Wesen, sondern er findet sich immer schon körperlich, psychisch und mental auf die Welt bezogen vor. Diese Grundbezogenheit nennt Rosa, wie wir bereits gesehen hatten, „Resonanz". *„Resonanz ist zunächst als ein menschliches Grundbedürfnis und eine Grundfähigkeit zu verstehen."*[61]

Der notwendigerweise nach gelingenden Antworten suchende Mensch bemüht sich demnach, einen *„vibrierenden Draht"* zu seiner Umwelt herzustellen. Rosa verwendet zur Veranschaulichung dessen, was er unter Resonanz versteht, die Metapher zweier Stimmgabeln: *„Bringt man zwei Stimmgabeln in physische Nähe zueinander und schlägt eine davon an, so ertönt die andere als Resonanzeffekt mit. Wenn Subjekte also im Sinne der Leitthese dieses Buches auf Resonanzerfahrungen hin angelegt sind, so können sie darauf hoffen, als ‚zweite Stimmgabel' von etwas Begegnendem zum Klingen gebracht zu werden – oder aber im Sinne der ‚ersten Stimmgabel' so lange zu suchen, bis sie ‚Widerhall' finden."*[62]

Damit es zu Resonanz kommt, braucht es also zwei schwingungsfähige Körper, die sich in einem Resonanzraum begegnen. Erst wenn diese Voraussetzungen gegeben sind, können sich zwei „Körper" oder Entitäten aufeinander einschwingen, so dass sie aufeinander antworten und zugleich mit eigener Stimme sprechen. *„Diese Beziehung lässt sich, wie ich dargelegt habe, vom Standpunkt des Subjekts aus als ein vibrierender Draht verstehen, der durch A⇐-ffekt und E⇒motion, also durch die doppelseitige Bewegung des Affiziertwerdens und der aktiven Bezugnahme, gebildet wird."*[63]

Die gelingende Beziehung zur Welt zeigt sich demnach in einer doppelten Bewegung: Es kommt darauf an, mich von der Welt einerseits berühren zu lassen und andererseits die Welt gestaltend zu erreichen. Beide Pole sind notwendig, um Resonanzerfahrungen machen zu können. Der Mensch muss sich sowohl als erste als auch als zweite Stimmgabel erleben können. *„Ob Leben gelingt oder misslingt, hängt davon ab, auf welche Weise Welt (passiv) erfahren und (aktiv) angeeignet werden kann."*[64]

Was zunächst einfach klingt, gestaltet sich in der fortschreitenden Moderne allerdings immer schwieriger. Denn immer mehr erscheint die Welt als kalt und abweisend. Immer häufiger spricht den modernen Menschen nichts mehr an, bleibt die Welt stumm und berührt ihn nicht. Nicht zufällig sind Depression und Burn-out zu den häufigsten psychischen Erkrankungen geworden. So singt die Sängerin Dota etwa in ihrem Song „Rauschen" davon, wie *nichts mehr aus dem Rauschen herausragt, nichts mehr ins Herz sticht, weil alles weit weg scheint.*

Unsere Schwierigkeit, die Welt mit „eigener Stimme sprechen zu hören", uns von ihr berühren zu lassen, hat eine lange Geschichte, die damit anhebt, dass der Mensch in der Moderne sich selbst als losgelöstes Selbst versteht, das der Welt nur noch gestaltend gegenübersteht. Im Prozess der Selbstwerdung des modernen Menschen wird die Welt verdinglicht und nur noch zum Material menschlichen Handelns. Die Welt wird zur toten Materie, der der Mensch seinen Willen aufzwingt. *„Das moderne Programm der systematischen … Reichweitenvergrößerung und Ressourcenvermehrung ist daher durchaus auf die Erhöhung von Selbstwirksamkeit hin angelegt, allerdings auf eine Selbstwirksamkeit, die einseitig auf Beherrschung und damit auf stumme und verdinglichte Weltbeziehung ausgerichtet ist."*[65]

Um Weltausschnitte wieder zum Sprechen zu bringen, müsste der Mensch ihnen auf ganz andere Weise begegnen. Er müsste kontemplativ, betrachtend und offen ein Stück Welt auf sich wirken lassen. Berührende Wechselwirkungen können sich nach der Vorstellung des kanadischen Philosophen Charles Taylor nur dort einstellen, wo Menschen sogenannte *„starke Wertungen"* vornehmen. Jemand nimmt eine starke Wertung vor und zeichnet damit eine eigene Bewertungslandkarte, wenn er Werte und Güter anerkennt und sich zu ihnen in Beziehung setzt, auch wenn sie seinen momentanen Lüsten und Begierden widersprechen. Dass ich etwas als richtig, wertvoll und gut anerkenne, das mich anspricht, anspornt und in Frage stellt, erzeugt eine Wechselbeziehung, in der ich das „andere" mit nicht meiner, sondern je eigener, fremder Stimme sprechen höre. Starke Wertungen sprengen somit das unendliche Selbstgespräch des Ich, das sich nur noch selber hört. Indem ich mich zu bestimmten Gütern in Beziehung setze, sage ich, wer ich sein will. Auch im Gegensatz zu derzeitigen Befindlichkeiten.

Starke Wertungen *„beinhalten Unterscheidungen zwischen Richtig und Falsch, Besser und Schlechter, Höher und Niedriger, deren Gültigkeit nicht durch unsere eigenen Wünsche, Neigungen oder Entscheidungen bestätigt wird, sondern sie sind von diesen unabhängig und bieten selbst Maßstäbe, nach denen diese beurteilt werden können."*[66]

In einem weiten Bogen zeichnet Taylor die Entstehung des neuzeitlichen Selbst nach, das zunehmend in seinem Inneren autonom bestimmt, was gut und vernünftig ist. Die instrumentelle Vernunft bemächtigt sich immer mehr der Welt – und bringt sie zum Verstummen. Am Ende steht das beziehungslose *„punktförmige Selbst"* isoliert in einer stummen Umwelt. Eben diese aktive Ausrichtung auf (an sich) richtige und gute Verbesserung des Lebens, diese Fixierung auf „Ressourcenerweiterung" ist es aber schließlich, die stabile Resonanzbeziehungen blockiert und geradezu verhindert.

So steht am Ende die neuzeitliche Tragik, die Rosa auf den letzten Seiten seiner Studie so beschreibt: *„Ich habe im Zuge der Entfaltung des begrifflichen Rahmens der Resonanztheo-*

rie eine ganze Reihe von Evidenzen dafür angeführt, dass sich eine strukturelle und institutionelle Balanceverschiebung im Verhältnis von Resonanz- und Steigerungsorientierung zugunsten der Letzteren beobachten lässt. Sie bewirkt, dass in der Kultur der Spätmoderne die Grundangst vor dem Weltverstummen stärker wird und die Resonanzverheißung zu verblassen beginnt …

Konkurrenzorientierung und Ressourcenakkumulation, Optimierungszwänge und Beschleunigung der Mensch-Welt-Interaktion aber untergraben die strukturellen Voraussetzungen für gelingende Weltanverwandlung … Entfremdung wird dann zum Grundmodus der Weltbeziehung, dem gegenüber die Flucht in die Resonanzoasen der duftenden Badezimmer, der Kinosäle oder der Wellnessressorts wie eine Panikreaktion anmutet. Die dominanten Krisenerfahrungen der gegenwärtigen Gesellschaft – die ökologische Krise, die psychologische Krise und die demokratische Krise, aber auch die Krisentendenzen in Arbeit und Familie – lassen sich … als Symptome einer daraus resultierenden umfassenden Resonanzkrise deuten.“[67]

Auf paradoxe Weise verkehrt sich demnach das Versprechen der Moderne nach Resonanz durch die Mittel der Moderne in ihr Gegenteil, in Entfremdung.

2.2 Minimalistische Spiritualität als kultivierte Sehnsucht

Diese Überlegungen zu den Rahmenbedingungen heutigen Lebens zeigen, dass sich menschliche Suche nach Identität, Gewissheit und primären Erfahrungen als grundlegende Sehnsucht nach Resonanzerfahrung verstehen lässt.

Minimalistische Spiritualität versucht nun dieses Grundbedürfnis in Formen zu bringen, so dass aus diffuser Sehnsucht kultivierte Sehnsucht nach Resonanzerfahrung in der vertikalen Dimension werden kann. Dabei wird deutlich, dass diese Sehnsucht eben mehr als ein flüchtiges Gefühl ist, das plötzlich wie aus dem Nichts auftaucht, Besitz von einem ergreift, um dann eben so schnell wieder abzutauchen. Nein, Sehnsucht nach Resonanz ist ebenso Grundbedürfnis wie Grundfähigkeit des Menschen, die sich in einen Lebensstil übersetzen lassen, der sich ebenso durch Offenheit wie durch Übung auszeichnet. Wenn die technischen Mittel der Moderne nicht in der Lage sind, diese Resonanzsehnsucht dauerhaft zu erfüllen, wird es in der minimalistischen Spiritualität darum gehen, neue Formen zu finden, in der diese Suche zu ihrem Ziel findet. Es geht also um nichts weniger als um eine neue Kultur, um einen neuen Lebensstil, der über die Religion hinaus das ganze Leben umfasst.

Verbunden mit einigen grundsätzlichen Überlegungen zum Thema Religion und Religionen, wollen wir deshalb dem Aspekt der Übung weiter nachgehen.

V.
Viele Religionen – ein Gott? – Theologische Grundfragen minimalistischer Spiritualität

Im global village, das unsere Welt längst geworden ist, muss sich jede Religion mit der Präsenz anderer Religionen auseinandersetzen. Ist meine Religion die einzig wahre? Was ist überhaupt Religion? Kann mein Zugang zur Transzendenz im Vergleich mit den anderen begründetermaßen für sich beanspruchen, besser zu sein? Oder gibt es auch Denk- und Glaubensmodelle, in denen die Religionen nicht als Konkurrenten und Wettstreiter auftreten? Eine minimalistische Spiritualität kann diese theologischen und religionsgeschichtlichen Fragen nicht ausklammern, will sie dialogfähig sein.

Deshalb werde ich in diesem Kapitel einige theologische Grundfragen erörtern, auf die Glaubende im Gespräch mit Anders-, anderes und Nicht-Glaubenden früher oder später stoßen werden. Dabei wird sich ein neues Verständnis von Religion als Übungssystem ergeben, das auch Konsequenzen für das Gottesbild und das Verständnis anderer Religionen hat.

1. Was ist eine Religion? Das Christentum als neuer Religionstyp

Auf der Suche nach einer angemessenen Spiritualität für die Gegenwart kommen wir nicht umhin, den Religionstyp, dem das Christentum meist zugeordnet wird, kritisch zu hinterfragen. Denn fast immer sind wir es gewohnt, das Christentum als Nachfolgereligion antiker Opferreligionen, in denen es Tempel, Priester und Opfer gibt, zu verstehen. Ausführlich wird in diesem Kapitel der jüdische Wissenschaftler Guy Stroumsa zu Wort kommen, weil er wie kaum ein anderer den Bruch zwischen antiker Religion einerseits und dem rabbinischen Judentum und dem Christentum andererseits herausgearbeitet hat.

„Der Übergang, der uns hier interessiert, ist nicht einfach der von einer Religion zu einer anderen oder vom Heidentum zum Christentum, wie es noch vor kurzem hieß ...“[68]

Gemeinhin stellt dann das Mailänder Edikt aus dem Jahr 313 n. Chr., das von Konstantin erlassen worden war und das den christlichen Glauben zu einer „erlaubten Religion“ erklärte, den entscheidenden Wendepunkt dar. Weil das Mailänder Edikt den christlichen Glauben anderen paganen (heidnischen) Kulten gleichstellte, entsteht der Eindruck, das Christentum stellte den gleichen Religionstyp dar wie die anderen paganen Kulte der Antike, die während der Herrschaft des Theodosius (379–395) immer weiter vom Christentum an den Rand gedrängt und schließlich ganz verdrängt wurden. Dass das Christentum den heidnischen Kulten nachfolgte, ist zwar richtig. Dies bedeutet allerdings nicht, dass das Christentum eine Religion wie die anderen antiken Kulte darstellt.

„In gewisser Weise ebneten die Bekehrung Konstantins und die Christianisierung des Römischen Reiches den Weg für eine neue, bis dahin in der antiken Welt unbekannte Art von Religion. Die religiösen Transformationen der Spätantike legten in großem Maße den Grundstein für die europäische Kultur.“[69] Denn der Charakter des Christentums speist sich aus ganz anderen Quel-

len als die paganen Kulte und verändert von innen her das, was bis dahin als Religion galt. Vorbild und Quellen dieses neuen Religionstyps liegen im Judentum und in den griechischen Philosophenschulen.

Guy Stroumsa zeigt in seinem Buch „*Das Ende des Opferkults. Die religiösen Mutationen der Spätantike*", wie es dem Christentum mit Hilfe des jüdischen Erbes gelingt, einen völlig neuen Stil der individuellen Selbstsorge zu entwickeln, der die Funktion und den Charakter der Religion grundlegend auf den Kopf stellt. „*Das hebräische Prophetentum zeichnete sich durch die zentrale Rolle des ethischen Anspruchs aus. Mit den Propheten – und dann mit dem Heiligen – erhielt die ethische Sorge einen Platz in der Religion. ‚Seid heilig, wie ich heilig bin' (1 Petr 1,16). Das Ideal der Heiligkeit bedeutet Selbstsorge, aber zugleich auch mehr als nur die Sorge um sich selbst, denn in der Ethik ist das Ich auf den anderen angewiesen. Einfacher gesagt: Das Individuum kann sich nicht alleine retten.*"[70]

Die christliche Hoffnung auf die leibliche Auferstehung und die jüdische Vorstellung der Gottebenbildlichkeit des Menschen schaffen eine bis dahin im paganen Kult unbekannte Selbstwahrnehmung und Selbstsorge. Die Mahnung Jesu: „*Darum seid vollkommen wie euer himmlischer Vater vollkommen ist*" (Mt 5,48), führte die Christen zu einer religiösen Praxis, die im Unterschied zum heidnischen Kult nicht nur eine asketische Praxis, sondern auch ethisches Handeln mit sich brachte. Durch die jüdischen Psalmen angeregt, begannen, so Stroumsa, die Christen sich selbst als Sünder zu „lesen" und zu verstehen, die danach verlangten, ihre Gottebenbildlichkeit wiederzuerlangen. „*Die Vorstellung von einem Selbst, das es zu entschlüsseln, zu erkennen, zu lesen gilt, steht durchaus mit der Buchreligion in Verbindung … Die Religion, einschließlich des religiösen Kults, ist in ers-*

ter Linie die Meditation von Texten, unter denen jene, die vom sündigen Individuum handeln, besonders die Psalmen, einen besonderen Platz einnehmen. Diese Art der Meditation lernten die Christen vom Judentum der Zeit des Zweiten Tempels.“[71]

So entstand eine Religion, in der nicht das Opfer im Mittelpunkt stand, sondern ein das ganze Leben umfassender Transformationsprozess, der aus Glaube und Handeln einen Lebensstil entstehen lässt. Die Kombination aus Verinnerlichung, Ethik und geistlichen Übungen ließ so eine wirklich neue Religion entstehen, die mit den offiziellen Opferhandlungen der Antike nichts mehr gemein hatte. *„Die Idee der Transformation des inneren Lebens war eine Vorstellung, die der offiziellen Religion der antiken Polis ebenso wenig bekannt war wie den Mysterienkulten.“*[72]

Das entscheidende Datum, in dem sich die „Neuformatierung“ der Religion zeigt, ist die Zerstörung des jüdischen Tempels 70 n. Chr. Dadurch, dass Titus den jüdischen Tempel plündert, wie noch heute im römischen Titusbogen zu sehen, verliert das Judentum sein zentrales Kultheiligtum mit den vorgeschriebenen Opfern. Die Juden stehen vor der Aufgabe, ihre durch Opfer geprägte Religion in einen „unblutigen Kultus“ umzuformen. Zeitgleich mit der Entstehung und Ausbreitung des Christentums müssen die Rabbinen die nicht mehr möglichen Opfer in Gebete und andere Riten verwandeln. *„Somit erfanden die Weisen Israels nach dem Ende des Opfers eine Religion der Entfremdung von Gott, der Abwesenheit Gottes. Die göttliche Anwesenheit ist nicht mehr wie zur Zeit des Tempels eine Gewissheit, die es nur anzurufen gilt, jetzt kann sie nur beschworen werden. Unter solchen Bedingungen wird man vielleicht verstehen, dass man von der Modernisierung der Religion im Sinne ihrer Innerlichkeit sprechen kann. Man kann auch … von Entzaube-*

rung sprechen: Die Verbindung zum Göttlichen ist jetzt alles andere als gewiss und unmittelbar. So entfernte sich die religiöse Praxis vom Grundsatz des ex opere operato, das heißt der im Vollzug garantierten Wirksamkeit, was die natürliche Funktionsweise des Opfers ist. Im Rahmen der alten Opferordnung besaß die religiöse Handlung Kraft – zumindest aber den Anspruch –, die göttliche Macht zu verpflichten, denn sie bestätigte das Gleichgewicht der Welt und das Band zwischen göttlicher und menschlicher Sphäre. Jetzt kommt es dem Bewusstsein des Einzelnen zu, die Verbindung mit dem Göttlichen, das noch unsichtbarer und unfassbarer als zur Zeit des Tempels ist, immer wieder zu beleben. Gebet, Fasten und Almosen werden jetzt idealerweise schweigend und im Stillen vollzogen und ohne Gewissheit einer Belohnung."[73]

So entstand eine religiöse, fast könnte man sagen spirituelle Praxis, die das einzelne Individuum in die Pflicht nahm und zugleich dezentral war, also ohne religiösen Mittelpunkt auskommen musste. Die offizielle Abschaffung des „Wahnsinns der Opfer," wie es in einem Gesetz Kaiser Konstans' II. heißt, einige Jahrhunderte später ist also nur der letzte Schritt zu einer neuen Art von Religion, zu der Verinnerlichung, Glaube und ethische Praxis gehörten. Aber das Christentum ist nicht nur durch die jüdische Religion geprägt worden. Auch die antike Philosophie hat in ihm deutliche Spuren hinterlassen.

Allerdings müssen wir auch hier erst einmal von ungenauen Vorstellungen Abschied nehmen. Wenn wir heute an griechische Philosophie denken, könnte es sein, dass uns – vielleicht abgesehen von Sokrates – zuerst abstrakte philosophische Argumentationen und Systeme einfallen. Der französische Forscher Pierre Hadot und der deutsche Paul Rabow konnten hingegen zeigen, dass die antike Philosophie alles andere als abstrakt war. Vielmehr sehen sie in den antiken philosophischen Schriften Handbücher geistlicher und geistiger Übungen. Auch lassen sich so die vielen Ungereimtheiten und Widersprüche innerhalb antiker Werke erklären. Denn die uns erhaltenen Schriften waren viel weniger konsistente und geschlossene Systeme als vielmehr Anleitungen zu konkreten Übungen: *„Wie die platonische Definition der Philosophie – ‚Philosophie heißt, sich im Sterben üben' – zu erkennen gibt, bestand das philosophische Leben hauptsächlich darin, bestimmte Übungen wie die der Meditation, der Gewissenserforschung, der Kontemplation der Natur vorzunehmen. Dieser Begriff der geistigen Übungen eröffnet neue Perspektiven für die Interpretation der philosophischen Schriften der Antike, indem er unsere Aufmerksamkeit darauf lenkt, dass sie eher ‚formen als informieren wollen' und dass jede ihrer Behauptungen im Hinblick auf den psychologischen Effekt, den sie erzielen wollen, verstanden werden muss."*[74]

Auch Marc Aurels berühmte *„Selbstbetrachtungen"* erlauben keine Einblicke in die düsteren und pessimistischen Stimmungen des Kaisers, sondern sind als konkrete Übungen zu verstehen; z. B. diese denkerische Übung: *„‚Begrenze das Gegenwärtige in der Zeit' (VII, 29). ‚Das Gegenwärtige wird verkleinert, wenn du es für sich allein genommen abzugrenzen versuchst' (VII, 36). Das bedeutet einerseits, dass das, was von uns abhängt, nämlich die Gegenwart, von dem zu trennen ist, was nicht von uns abhängt, nämlich von der Vergangenheit und der Zukunft. Andererseits heißt dies, dass etwas, was uns beunruhigen könnte, auf einen flüchtigen Augenblick … herabzumindern ist. Dies läuft im Ganzen genommen darauf, die Schwierigkeiten zu zerteilen, anstatt sich von der globalen Vorstellung aller Schwierigkeiten des Lebens erschrecken zu lassen."*[75]

Die Philosophenschulen, denen man sich anschließen konnte, waren Orte der Übung und Trennung von der

Welt: *„… immer bedeutete der Eintritt in das philosophische Leben – in einer Zeit des sittlichen Verfalls – eine strenge, schneidende Absonderung von der gemeinen Sittlichkeit der Weltmenschen.“*[76] *„… die philosophische Erziehung ist einer Operation gleich, sie schneidet in den Organismus ein, der Jünger muss Schmerzen leiden unter dem Messer, das die kranke Seele heilt; und die tiefe Wunde, welche die Philosophie gebissen hat, brennt in der Seele …“*[77]

Die christlichen Schriftsteller der ersten drei Jahrhunderte bedienten sich dieses philosophischen Übungswissens, indem sie es auf das christliche Leben übertrugen und anwandten. Erst nach dieser „christlichen Plünderung“ blieben der Philosophie nichts als Gedankengebäude und abstrakte Systeme.

So konnten die frühen Christen auf viele Methoden und Übungen der antiken Philosophie zurückgreifen, die für ihre Zwecke sozusagen schon bereitlagen. Nun meditierte man nicht mehr über einzelne Sätze antiker Autoren, sondern über Psalmverse. Man wiederholte nicht mehr täglich stoische Regeln, sondern Verse aus den Evangelien und Gebete – mit dem einzigen Unterschied, dass sich die Christen mit ihren Übungen auf die Gegenwart Gottes ausrichteten. Die antiken Philosophenschüler erwarteten in dieser Hinsicht nichts, sie blieben ganz in ihrer menschlichen Sphäre, die es zu bewältigen galt.

In der Gegenwartsphilosophie finden wir nun eine solche Rückbesinnung auf das Thema der Formung und Gestaltung des Individuums durch Übungen. Diesen neuen Entwicklungen wollen wir uns nun zuwenden.

2. Religion als Übungssystem

Es ist das Verdienst des Philosophen Peter Sloterdijk in seinem Buch *„Du mußt dein Leben ändern"* nicht nur die enge Verbindung von Übung und Religion wiederhergestellt zu haben, sondern darüber hinaus auch Religion als Übungssystem in einen größeren Zusammenhang eingeordnet zu haben. Denn Religion, so Sloterdijk, ist ein Teil des „kulturellen Immunsystems" des „homo artista".

Doch beginnen wir mit dem Anfang. Gleich am Anfang seines Buches formuliert Sloterdijk die Stoßrichtung seiner Ausführungen: *„Auch das vorliegende Buch widmet sich der Kritik eines Märchens und ersetzt es durch eine positive These … Ich werde zeigen, daß eine Rückwendung zur Religion ebenso wenig möglich ist wie Rückkehr der Religion – aus dem einfachen Grund, weil es keine ‚Religion' und keine ‚Religionen' gibt, sondern nur mißverstandene spirituelle Übungssysteme, ob diese nun in Kollektiven … praktiziert werden oder in personalisierten Ausführungen … Damit wird die leidige Unterscheidung zwischen ‚wahrer Religion' und Aberglaube gegenstandslos. Es gibt nur mehr oder weniger ausbreitungsfähige, mehr oder weniger ausbreitungswürdige Übungssysteme. Auch der falsche Gegensatz zwischen den Gläubigen und Ungläubigen entfällt und wird durch die Unterscheidung zwischen Praktizierenden und Ungeübten bzw. anders Übenden ersetzt."*[78]

Sloterdijk möchte also das Phänomen „Religion" in einem viel weiter gefassten Rahmen verstehen und es nicht als Sondersphäre des Menschen verstanden wissen. Vielmehr gilt es, „Religion" als anthropologische Technik zu sehen, die Teil des menschlichen Immunsystems ist, mit dem der Mensch sich selbst auf seine Umwelt hin transzendiert und mögliche Gefahren abwehrt. *„Solche Immun-*

systeme könnte man ebensogut als organismische Vorformen eines Sinns für Transzendentes beschreiben: Dank der ständig sprungbereiten Effizienz dieser Vorrichtungen setzt sich das Lebewesen mit seinen potentiellen Todbringern aktiv auseinander und stellt ihnen sein körpereigenes Vermögen zur Überwindung des Tödlichen entgegen. Solcher Leistungen wegen hat man Immunsysteme dieses Typs mit einer ‚Körperpolizei' oder einer Grenzschutztruppe verglichen. Da es aber schon auf dieser Ebene um die Aushandlung eines modus vivendi mit fremden und unsichtbaren Mächten geht – und fernen, sofern diese todgebend sein könnten, mit ‚höheren' und ‚unheimlichen' Mächten –, liegt hier eine Vorstufe des Verhaltens vor, das man in menschlichen Kontexten als religiöses oder spirituelles zu bezeichnen gewohnt ist. Für jeden Organismus ist seine Umwelt seine Transzendenz, und je abstrakter und unbekannter die Gefahr ist, die von der Umwelt her droht, desto transzendenter steht sie ihm gegenüber."[79]

Neben den allseits bekannten biologischen Immunfunktionen des Körpers findet Sloterdijk auch im kulturell-sozialen Bereich eine Immunfunktion, über die nur der Mensch verfügt: *„Der Held der folgenden Geschichte, der homo immunologicus, der seinem Leben mitsamt dessen Gefährdungen und Überschüssen eine symbolische Form geben muß, ist der mit sich selbst ringende, der um seine Form besorgte Mensch – wir werden ihn als den ethischen Menschen näher charakterisieren oder besser: als den homo repetitivus, den homo artista, den Menschen im Training.*"[80]

Diese Entdeckung der „symbolischen" Ebene des menschlichen Immunsystems bedeutet, dass es eine Brücke zwischen den natürlich-biologischen und symbolischen Ebenen des Immunsystems gibt. *„In Wahrheit steht der Übergang von der Natur in die Kultur und umgekehrt seit jeher weit offen. Er führt über eine leicht zu betretende Brücke – das übende Leben.*"[81]

Damit hat Sloterdijk – nach eigenem Verständnis – einen neuen Zugang zum Menschen gefunden. Der Mensch als das übende Wesen, das aufgrund seiner Konstitution als immunologisch prädestiniertes Übungswesen fähig ist, noch nicht Anwesendes und noch nicht Dagewesenes zu vergegenwärtigen. Erst ganz am Ende seines Buches wird dann deutlich, dass Sloterdijk nicht um des Philosophierens willen philosophiert, sondern ein ganz konkretes Ziel vor Augen hat. *„Die einzige Autorität, die heute sagen darf: Du mußt dein Leben ändern, ist die globale Krise, von der seit einer Weile jeder wahrnimmt, dass sie begonnen hat, ihre Apostel auszusenden. Sie besitzt Autorität, weil sie sich auf etwas Unvorstellbares beruft, von dem sie der Vorschein ist – die globale Katastrophe.“*[82] Die Möglichkeit, die bevorstehende globale Krise abzuwenden, liegt also darin, dass der Mensch das wird, was er immer schon ist: ein lernendes und übendes Wesen.

Die Aufforderung *„Du mußt dein Leben ändern“* hatte Sloterdijk dem Gedicht Rilkes *„Archaischer Torso Apollos“* entnommen. Der apodiktische Aufruf „Du mußt dein Leben ändern“ findet im Menschen einen Widerhall, weil dieser in sich selbst eine Spannung nach oben trägt. Diese Vertikalspannung ist es, die aus dem Menschen einen homo artisticus macht, ein Wesen, das die Möglichkeit in sich trägt, sich selbst durch Übung zu formen und über sich hinauszugehen, sich selbst zu überschreiten. Damit knüpft Sloterdijk an eine Äußerung Sokrates' an, der den Menschen beschrieben hatte als das Wesen, das potentiell sich selbst überlegen ist. *„Wollte man alle Lehren der Papyrusreligionen, der Pergamentreligionen, der Stylus- und Federkielreligionen, der kalligraphischen und typographischen Religionen … in eine gemeinsame Werkstatt versetzen, wo sie in einer letzten Redaktion zusammengefaßt werden müßten: Ihr äußerstes Kon-*

zentrat würde nichts anderes sagen als das, was der Dichter in einem transluciden Moment aus dem archaischen Torso Apollos emanieren läßt.

Du mußt dein Leben ändern! – so lautet der Imperativ, der die Alternative von hypothetisch und kategorisch übersteigt. Es ist der absolute Imperativ ... Er bestimmt das Leben als ein Gefälle zwischen seinen höheren und niederen Formen ... Es ist die Autorität eines anderen Lebens in diesem Leben. Diese trifft mich an in einer subtilen Insuffizienz, die älter und freier ist als die Sünde. Sie ist mein innerstes Noch-nicht. In meinem bewußtesten Moment werde ich vom absoluten Einspruch gegen meinen status quo betroffen ... Änderst du daraufhin dein Leben wirklich, tust du nichts anderes, als was du selbst mit deinem besten Willen willst, sobald du spürst, wie eine für dich gültige Vertikalspannung dein Leben aus den Angeln hebt.“ [83]

Die verschlungenen Pfade, denen wir bis hierher gefolgt sind, dienten dazu, sowohl historisch als auch philosophisch deutlich zu machen, dass Übung integraler Bestandteil der Religion ist. Wenn wir in unseren Überlegungen Spiritualität als angeeignete Religion verstehen, müssen Übung und Einübung elementarer Bestandteil dieser sein. Ohne Übung gibt es keine Spiritualität, im eigentlichen Sinne nicht einmal Religion. Der Mensch, um nochmals die Formulierungen Sloterdijks aufzunehmen, ist aufgrund seiner Disposition aufgerufen, den Fluss der Gewohnheit zu überqueren, um das bessere, andere Ufer zu erreichen. Er muss das sichere Basislager verlassen und seine Expedition ins Höhere antreten.

Abschließend sei zu diesem Komplex noch eine systempsychologische Sicht angedeutet, die, von anderen Voraussetzungen kommend, dennoch dem Üben und Aneignen von Werten eine Schlüsselrolle zuweist.

3. Vom Primatenego zum Kulturmenschen – durch Übung

Der systemische Psychologe Dietmar Hansch bemüht sich schon seit längerem um eine Beschreibung, wie sich eine bessere und gerechtere Gesellschaft aufbauen ließe, in der Geistes- und Naturwissenschaften gemeinsam eine Dritte Kultur schaffen. Zentraler Hebelpunkt ist dabei nach Hansch die persönliche Meisterschaft, durch die der Einzelne dazu gebracht wird, aus inneren Werten und nicht aus Außenreizen zu leben.

Voraussetzung dafür ist allerdings, dass der Einzelne sein Primatenego, das auf die angeborenen Bedürfnisse nach Konsum, Status, Macht etc. ausgerichtet ist, überwindet und sich kulturelle, spirituelle und gemeinschaftsbezogene Werte aneignet, die, erst einmal erarbeitet, dann lebensbestimmend werden können. *„Durch ein hohes Maß an systematischer innerer Arbeit gilt es also, sich einen ‚harten Kern' an Werten, Prinzipien und Überzeugungen zu erarbeiten, an den man dann immer wieder neue Einsichten koppeln kann … Denk- und Verhaltensmuster müssen in kleinen realistischen Schritten systematisch über Monate verändert werden, ehe die spontanen Gefühls- und Verhaltensreaktionen sich verändern, ehe aus der Einsicht im Kopf eine Überzeugung im Bauch geworden ist."*[84]

So wird keine ernstzunehmende Spiritualität den Übungsaspekt vernachlässigen können, will sie Wirkung und Energie freisetzen.[85]

4. „Niemand kommt zum Vater denn durch mich" – nur *ein* Zugang zu Gott?

Längst schon haben wir uns daran gewöhnt, das Christentum (und auch die anderen monotheistischen Religionen) mit dem Anspruch, die einzig wahre Religion zu sein, zusammen zu denken. Um christlicherseits diesen Anspruch zu begründen, wird dafür meist das Jesuswort aus Johannes 14,6 zitiert. Jesus sagt: *„Ich bin der Weg, die Wahrheit und das Leben. Niemand kommt zum Vater denn durch mich."* Einerseits lässt dieses Jesuswort, das sich nur bei Johannes findet, wenig offen: Jesus sieht sich als den einzigen Zugang zu Gott. Andererseits entdeckt eine etwas genauere Betrachtung des gesamten 14. Kapitels im Johannesevangelium, in dem sich dieses Jesuswort findet, dass sich auch andere Akzentuierungen und Hinweise finden, die dieses scheinbar so eindeutige Wort in einem anderen Licht erscheinen lassen. Nach Sloterdijk besteht die Möglichkeit, heilige Texte so zu lesen, dass die starken von den schwachen Sätzen überlagert werden und somit Spielraum für Interpretation entsteht: *„Eine heilige Schrift wäre so nichts anderes als das Gefäß von endgültigen und vertrauenswürdigen Aussagen, durch die sämtliche in relativen Geschwindigkeiten ablaufenden Erkenntnisse überholt würden. Selbst in einer Schrift solchen Ranges jedoch werden die wenigen unüberholbaren Sätze unvermeidlich von zahlreichen potentiell überholbaren und faktisch überholten umgeben. Die Differenz zwischen den starken und den schwachen Sätzen eines sakralen Korpus schafft Spielraum für Anpassungen des Glaubens an den Tag und das Jahrhundert."*[86]

Machen wir uns also auf die Suche nach den starken, uneinholbaren und den schwächeren Sätzen im 14. Kapitel des Johannesevangeliums.

Das 14. Kapitel ist Teil der Reden Jesu (13 bis 17), die nach Johannes Jesus vor seinem Gang ans Kreuz hält. Die Situation des Abschieds erzeugt bei den anwesenden Jüngern Angst, Schrecken und Ungewissheit. In diese Situation hinein spricht Jesus Worte, die den Jüngern Mut und Zuversicht geben sollen: „*Euer Herz erschrecke nicht! Glaubt an Gott und glaubt an mich! In meines Vaters Haus sind viele Wohnungen … Und wenn ich hingehe, euch die Stätte zu bereiten, will ich wiederkommen und euch zu mir nehmen, damit ihr seid, wo ich bin*“ (Joh 14,1–3).

Zweifellos unterstreicht Jesus immer wieder seine enge Bindung an den Vater. Gleichzeitig kann er aber auch sagen: „*… der Vater ist größer als ich*“ (Joh 14,28); ein erster Hinweis darauf, dass der Sohn trotz seiner engen Bindung an den Vater nicht die gesamte göttliche Weite widerspiegeln und verkörpern kann. Die Größe Gottes sprengt das menschliche Dasein. Lässt sich das Bild der vielen göttlichen Wohnungen vielleicht so lesen, dass Gott selbst aufgrund seiner Weite viele Wohnungen hat, also Orte, an denen er wohnt, weil eine einzige ihn nicht fassen könnte?

Jesus wird nach seinem Weggang den Jüngern den Geist der Wahrheit senden, der sie in die Lage versetzen wird, noch größere Werke zu tun als er selbst: „*Wahrlich, wahrlich, ich sage euch: Wer an mich glaubt, der wird die Werke auch tun, die ich tue, und er wird noch größere als diese tun …*“ (Joh 14,12). Jesus sieht also nach seinem Weggang zum Vater eine Zeit kommen, in der das, was jetzt geschieht, überholt und überboten sein wird. Das Heute und Hier ist noch beschränkt und begrenzt im Vergleich zu dem, was noch kommen wird: „*Ich habe euch noch viel zu sagen; aber ihr könnt es jetzt nicht ertragen. Wenn aber jener, der Geist der*

Wahrheit, kommen wird, wird er euch in alle Wahrheit leiten …" (Joh 16,12.13).

Obwohl Jesus sich selbst als Weg, Wahrheit und Leben versteht, ist er sich dennoch bewusst, dass es eine Wahrheit und eine Weite gibt, die das, was in dieser Situation zu sagen und zu verstehen ist, noch übersteigt. In der Zeit des Geistes wird das Gegenwärtige noch überstiegen werden. Sich in der Situation des Abschieds an Jesus zu halten macht Sinn für die Jünger und ist ihre einzige Möglichkeit. Denn für sie ist Jesus in diesem Moment die einzige Tür zum Vater, die ihnen offensteht. Die Selbsterschließung Gottes, seine barmherzige Zuwendung zu den Verlorenen, geschieht für die Jünger in diesem Augenblick durch Jesus. Mit Hilfe des Geistes werden die zukünftigen Jüngerinnen und Jünger immer wieder Augenblicke, Personen, Gesten und Worte entdecken, in denen sich diese Liebe Gottes ebenso zeigt. Die zukünftigen Generationen werden in die wachsende Komplexität Gottes geführt werden.

Wie verhalten sich nun die drei monotheistischen Religionen zueinander? Sind wir doch gewöhnt, sie als drei unabhängige und konkurrierende Größen wahrzunehmen.

5. Gemeinsame Wurzel aller drei abrahamitischen Religionen: das Alte Israel

Beten die Gläubigen im Judentum, im Islam und im Christentum zum gleichen Gott oder zu verschiedenen Göttern? Glauben sie an denselben Gott auf unterschiedliche Art und Weise, oder glauben sie an drei verschiedene Götter? Diese Fragen stehen im Zentrum einer Theologie der Religionen, denen wir nun zunächst historisch und religionswissenschaftlich nachgehen wollen.

Um zu einer befriedigenden Antwort zu kommen, beginnen wir mit einem genaueren Blick auf die heiligen Schriften der drei monotheistischen (oder auch abrahamitischen) Religionen. Der Religionswissenschaftler Bertram Schmitz hat in seinen Studien[87] gezeigt, dass es, anstatt von vornherein von den Unterschieden in den drei Religionen auszugehen, viel sinnvoller ist, zunächst das gemeinsame Fundament in den Blick zu bekommen, um dann in einem weiteren Schritt die jeweiligen Variationen in den einzelnen Religionen wahrzunehmen. Die Hauptthese Schmitz' ist ebenso einfach wie überraschend: Das Alte Testament oder besser die Hebräische Bibel des Alten Israel ist die gemeinsame Wurzel aller drei hier in Frage stehenden Religionen. Schmitz erkennt in den Schriften des Alten Israel den Grundbestand, aus dem sich die nachfolgenden drei Religionen gebildet haben, indem sie diesen Grundtext an ihren jeweiligen Kontext angepasst haben.

So stellt die Zerstörung des Jerusalemer Tempels, wie wir schon gesehen haben, das entscheidende Datum für die Herausbildung sowohl des Christentums als auch des heutigen Judentums dar. Mit dem Verlust des Tempels rücken das frühe Christentum und das rabbinische Judentum immer deutlicher auseinander. Ein Prozess, der bis zum 3. Jahrhundert dazu führt, dass sich Judentum und Christentum als zwei unterschiedliche Religionssysteme gegenüberstehen. Im 7. Jahrhundert dann betritt im arabischen Raum mit Mohammed eine weitere Bewegung die Weltbühne, die sich ebenfalls aus der gemeinsamen Wurzel speist und in Anknüpfung und Anpassung an die kulturellen Begebenheiten das religiöse Erbe von Christentum und Judentum neu zur Sprache bringt.

In seinen Analysen arbeitet Schmitz sodann heraus, dass aus der gemeinsamen Wurzel drei elementare Themenfelder in den drei Religionen Eingang finden: die Tora, also die ersten fünf Bücher Mose, der Kult und die Propheten.

Für das *Judentum* sind es die „prophetischen Rabbinen", die 80 n. Chr. in Jabne beginnen, das altisraelitische Erbe für die Zukunft des jüdischen Glaubens ohne Jerusalemer Tempel neu zu ordnen. Der Talmud, der Mischna und Gamarra vereinigt, ist das Ergebnis des rabbinischen Judentums. Denn im Talmud werden die altisraelitischen Gesetze und Regelungen für die Gegenwart diskutiert. Der Kult wandert in die Synagoge und an den Tisch der jüdischen Familien, in denen kosher gegessen wird. Es sind die Rabbinen, die dem Judentum ein neues Gesicht und eine neue Form geben. In prophetischer Manier aktualisieren sie die alten Weisungen Gottes für sein Volk.

Im *Christentum* wird der Prophet Jesus – der, bevor er als Messias anerkannt wird, zunächst wie ein Prophet spricht und auftritt – zum Dreh- und Angelpunkt der gesamten christlichen Religion. Im Abendmahl, das als Erinnerungsmahl an den letzten Abend Jesu mit seinen Jüngern begangen wird, feiern die Christen die versöhnende Gegenwart Gottes im Menschen Jesus, die sich der Einzelne einverleiben kann. In der Lehre wird der Prophet Jesus zum Sohn Gottes. Alle drei Hauptelemente des Alten Israels (Tora, Kultus, Propheten) werden christlicherseits vom Zentrum Jesus aus neu gedeutet und gewichtet.

Im 7. Jahrhundert n. Chr. haben sich dann Christentum und rabbinisches Judentum als getrennte Religionssysteme mit ihren heiligen Schriften und Lehrentscheidungen endgültig konstituiert: Das Judentum ruht nun auf dem babylonischen Talmud und der Hebräischen Bibel. Die Christen gründen auf ihrer zweiteiligen Bibel und den ökumenischen Konzilien der ersten Jahrhunderte. Im 7. Jahrhundert, als Judentum und Christentum ihre neue Form als getrennte Religionssysteme gefunden haben, tritt eine neue dynamische und prophetische Bewegung auf die Bühne: der Islam.

Mit dem Auftreten Mohammeds wird die dritte monotheistische Bewegung geboren, die mit dem Anspruch auftritt, sowohl Judentum als auch Christentum zum wahren Ursprung zurückzuführen: nämlich zur Religion Abrahams. So erkennt der Islam die heiligen Schriften der beiden anderen monotheistischen Religionen grundsätzlich an, möchte diese nur reinigen. Das Kultzentrum des Islams ist die Kaaba, das Haus Abrahams und Ismaels, in dessen Richtung alle Gläubigen beten, wenn sie kniend den Koran rezitieren. Der Koran selbst, eine Sammlung der Predigten Mohammeds, wird zur heiligen Schrift der Muslime.

Die Islamwissenschaftlerin Angelika Neuwirth ist es, die jüngst eine Re-Lecture des Korans als Text der Spätantike angeregt hat. Neuwirth schlägt vor, den Koran nicht in erster Linie als hermetisch abgeriegelten heiligen Text zu lesen, sondern ihn in die Zeit und in den religiösen Kontext der Spätantike einzubetten. Liest man den Koran in dieser Weise, erscheint er weniger als rein muslimischer Text als vielmehr als mündliche Verkündigung und als religiöse Diskussion seiner Zeit.

So wird der Koran zum Dokument eines Religionsgespräches mit den beiden anderen Religionssystemen, das die gemeinsamen Geschichten der Gesprächspartner mit Varianten und Variationen nochmals erzählt.[88]

In seinen ältesten Schichten zeigt sich der Koran also als Aktualisierung und mündliche Wiedergabe des „himmlischen Buches", von dem auch die anderen heiligen Schriften stammen. Im Laufe der Zeit gilt der Koran dann aber selbst als dieses himmlische Urbuch, von dem er allerdings nur ein Teil ist. Mit der Kanonisierung des Korans zwischen 685 und 704 n. Chr. wird dieser ursprünglich vielstimmige, mündliche und offene „Text" zu einem göttlichen Monolog. Die ursprüngliche Bedeutung des Wortes Koran, „Rezitation", erinnert noch heute an diese frühe Phase.

Auch ohne hier weitere vergleichende Studien anstellen zu können, dürfte sich hinreichend gezeigt haben, dass die drei monotheistischen Religionen der gleichen Wurzel entstammen.

Bedeutet dies auch, dass alle drei Religionssysteme denselben Gott bezeugen, auch wenn sie in unterschiedlichen historischen und kulturellen Kontexten andere Akzente setzen?

Zunächst aber noch ein Blick auf die sogenannten fernöstlichen Religionen.

6. Gott als Person und das a-personale Transzendente

Nicht einmal ansatzweise kann ich im Rahmen dieser Studie versuchen, die vielgestaltige Geschichte des Buddhismus, Hinduismus, Taoismus und anderer fernöstlicher Religionen nachzuzeichnen. Jedes dieser Religionssysteme in sich bildet schon einen nicht leicht zu durchdringenden eigenen Kosmos. Für unseren Zusammenhang möchte ich mich auf einen wesentlichen Aspekt beschränken, der vor allem durch den Buddhismus auch in Europa zunehmend das Gottesbild prägt: die Vorstellung von Gott als a-personal. In den monotheistischen Traditionen wird Gott vorwiegend personhaft vorgestellt und angesprochen: als Vater (und Mutter), König, Krieger und Hirte. Im Buddhismus wird Gott hingegen als transzendente Realität, als Absolutes und Prinzip allen Geschaffenen verstanden. Einige Theologen schlagen nun vor, diese beiden Vorstellungen des Göttlichen komplementär miteinander zu verbinden. So seien die menschlichen Vorstellungen des Göttlichen nicht eigentliche Namen desselben, sondern vielmehr die Art und Weise, wie das Göttliche vom Menschen erlebt und erfahren werde.

So spiegeln sich in den personhaften Zügen des Transzendenten das Vertrauen und Zutrauen wider, die nicht-personhaften Vorstellungen hingegen betonen das Unbedingte, das in der „Gottesbegegnung“ erlebt wird. Paul Tillich[89] etwa versteht diese beiden Zugänge als komplementär, so dass die in der eigenen Tradition eher vernachlässigten Aspekte des Transzendenten ergänzt und in Erinnerung gerufen werden. Am Ende könnte so eine ausgeglichenere Vorstellung des Göttlichen entstehen.

Die in fernöstlichen Religionen vorherrschenden Gottesvorstellungen könnten so Bereicherung und Korrektur für das christliche Gottesbild sein und zugleich eine Annäherung an die Ganzheit des Göttlichen ermöglichen, die menschlicherseits nie zu erreichen und an deren prinzipieller Unerreichbarkeit immer wieder zu erinnern ist.

Selbstverständlich haben auch die fernöstlichen Meditationsmethoden als Versenkungswege ins Transzendente die Zugänge zum Göttlichen deutlich erweitert. Eine

Wiederentdeckung der christlichen Mystik vollzog sich nicht zufällig über die fernöstliche Zen-Meditation. Auch das Entdecken der eigenen Schätze vollzieht sich offenbar nicht selten über den Weg des gegenseitigen Lernens.

7. Gott und seine wandelbaren Bilder

Bevor wir das Verhältnis des Göttlichen zu den Religionen insgesamt bedenken, scheint es mir sinnvoll, die innerhalb der Bibel vorkommenden und untereinander nicht kompatiblen Gottesbilder genauer in den Blick zu nehmen. Ich folge hierbei Erhard Gerstenberger, der in seinen alttestamentlichen Studien entgegen dem Hang, die biblischen Gottesbilder zu harmonisieren, aufzeigt, dass die Gottesbilder, die wir im Alten Testament finden, zum einen in einen sehr spezifischen Kontext und in eine bestimmte Zeit der Geschichte Israels gehören und andererseits mitnichten zusammenpassen. So haben etwa die transportablen Familiengottheiten Abrahams, Isaaks und Jakobs, die die kleinen Sippen durch die Wüste begleiteten, eine ganz andere Funktion als die Gottheiten, die auf Weiden und Äckern für Fruchtbarkeit in einer späteren Phase der Geschichte Israels sorgten. Je nach den entsprechenden Bedürfnissen und Anforderungen wurden die Gottesbilder modifiziert und ihre Kompetenzen erweitert. Als die anfangs nomadische Lebensweise in eine sesshafte überging und Großsippen, Stämme und Großreiche gebildet wurden, musste die Gottheit „mitwachsen" und neue Aufgaben und Funktionen übernehmen, die sie vorher nicht hatte und wahrnehmen musste. Heidnische Gottheiten wurden so ihrer Eigenschaften beraubt und man übertrug sie auf den eigenen Gott. In einem kreativen Prozess, so Gerstenberger, entstehen auf diese Weise immer neue Gottesbilder, in die Impulse und Einflüsse von außen synkretistisch aufgenommen werden. Insgesamt macht Gerstenberger fünf verschiedene kulturelle und historische Kontexte aus, zu denen jeweils modifizierte und variierte Gottesbilder gehören: die Gottheit in Familie und Sippe, die dörflich/kleinstädtische Wohngemeinschaft, der Stammesverband, das Königreich und die Zeit nach den Deportationen.[90]

Die wichtigen Einsichten Gerstenbergers zur Flexibilität und Wandelbarkeit der Gottesvorstellungen innerhalb des Alten Testaments werden von anderer Seite weitergeführt und ausgedehnt. Ein Autorenteam – bestehend aus Marion und Werner Küstenmacher und Tilman Haberer – hat in seinem Buch *„Gott 9.0. Wohin unsere Gesellschaft spirituell wachsen wird"* eindrucksvoll zeigen können, dass jedes Individuum innerhalb des eigenen Entwicklungsprozesses verschiedene Stufen der Gottesvorstellung durchläuft. Der Einzelne durchläuft also ebenso wie die Kulturen eine Entwicklungsgeschichte, in der das religiöse Verständnis insgesamt und speziell das Gottesbild zunehmend komplexer werden. Die Autoren beschreiben eine 9-stufige Entwicklung des Gottesbildes, das der gesellschaftlichen und kulturellen Komplexität der jeweiligen Zeit entspricht, wobei jede Entwicklungsstufe die vorherige enthält und auf ihr aufbaut. In einer Gesellschaft können gleichzeitig mehrere Entwicklungsstufen vorhanden sein, denn nicht alle Individuen entwickeln sich im Gleichschritt.

Wie schon im Alten Testament begegnen wir hier den gleichen Mechanismen: Neue Gottesbilder entstehen, weil sie auf bestimmte Bedürfnisse einer Zeit reagieren, andere Gottesvorstellungen treten in den Hintergrund. So ist etwa das Bild Gottes als Krieger in bestimmten Epochen biblischer Zeit zentral gewesen, wo hingegen es heute für die meisten Zeitgenossen weit weniger wichtig ist, auch wenn es gerade derzeit in fundamentalistischen Kreisen wieder eine Rückkehr erlebt.

Grundsätzlich zeigt sich, dass Gottesbilder und die ihnen entsprechenden Glaubensformen stets in Bewegung waren und immer auch in Bewegung bleiben müssen, soll der Gottesglaube nicht funktionslos absterben. Im Umgang mit Anders- und anderes Glaubenden gilt es demnach, nicht starr an den eigenen Gottesvorstellungen festzuhalten, sondern danach zu fragen, ob das Gottesbild des anderen mögliche Züge im eigenen Gottesbild beleuchtet, die bisher eher im Dunkeln lagen.

8. Das Transzendente und die vielen Religionen

Endlich haben wir nun alle Mosaiksteine beisammen, um die anfangs aufgeworfene Frage nach dem Absolutheitsanspruch einzelner Religionen beantworten zu können.

Alle Religionen, so verschieden sie untereinander auch sein mögen, beziehen sich auf die eine transzendente Wirklichkeit, also eine jenseits der geschaffenen Welt liegende Dimension. Diese transzendente Realität ist der unendliche Horizont unserer endlichen Welt und manche Religionen nennen sie „Gott“, andere benennen es anders, allen jedoch ist die Überzeugung gemeinsam, dass unsere geschaffene Welt des Sichtbaren von einem unendlichen Horizont umgeben, umschlungen und durchdrungen ist.

Religiös sein bedeutet, sich zu dieser transzendenten Wirklichkeit oder diesem unendlichen Horizont in Beziehung zu setzen, wobei dieser unsere sichtbare Welt übersteigende Horizont niemals definiert, niemals vollständig umrissen werden kann. Der unendliche Horizont umgreift und begrenzt unsere sichtbare Welt, kann seinerseits jedoch nicht begriffen und nicht begrenzt werden. Das Transzendente übersteigt und sprengt jeglichen Begriff und jeden Versuch der Definition. Dieser grundlegende Unterschied zwischen dem Transzendenten und der menschlichen Unmöglichkeit, dieses vollständig zu fassen, bildet die Grundlage einer pluralistischen Theologie der Religionen. So können alle Religionen das Transzendente nicht anders als unvollständig und unpassend beschreiben. Auch alle heiligen Schriften können diesen Graben nicht überwinden, sondern sind immer nur menschliche Reflexe und menschliche Erfahrungen mit dem Transzendenten, niemals aber die Darstellung des Transzendenten selbst. Das ist auch der Grund, warum alle religiösen Beschreibungen des Transzendenten voneinander abweichen und unterschiedlich sind, denn sie können ja nicht anders, als das Erlebte in ihren kulturellen und sprachlichen Formen darzustellen. Das Transzendente löst in den Individuen, denen es sich erschließt, kulturell geprägte Reaktionen, Gefühle und später dann Versprachlichungen aus, die erst einmal den kulturellen Hintergrund der betroffenen Personen widerspiegelt. Denn jede Erfahrung ist ja immer schon vorgeprägt durch die kulturellen Muster und Formen, durch die sie überhaupt erlebbar ist. Hinzu kommen dann noch persönliche Merkmale, die diese Erfahrungen ebenfalls mitprägen. Alle Worte, alle Kategorien und Bilder der Religionen sind nichts anderes als Mittel, durch die die Gläubigen die Gegenwart des Unbedingten erleben, erfahren, deuten und weitergeben. Die angeblich offensichtlichen Unterschiede des Transzendenten in den Religionen verdanken sich zunächst erst einmal den notwendig unterschiedlichen menschlichen „Werkzeugen" zur Wahrnehmung des Transzendenten von Seiten derer, denen das Transzendente widerfährt.

Wie jede andere Wahrnehmung auch unmittelbar schon von unserer Interpretation geprägt ist, kann es keine Wahrnehmung des Transzendenten ohne vorgegebene Muster geben. Diese vorgegebenen Muster unterliegen im Laufe der Zeit wiederum Veränderungen und Umformungen.

Als Konsequenz dieser grundsätzlichen Unfähigkeit zu unverstellter Wahrnehmung des Transzendenten könnte man fordern, dann solle der Mensch doch lieber schweigen und verstummen. In der christlichen Theologie war man sich meist dieser Grenze menschlicher Wahrnehmung bewusst. Die sogenannte „negative Theologie" versuchte immer wieder dem absoluten Schweigen zu entkommen, indem sie statt beschreibender Aussagen über das Transzendente verneinende Aussagen setzte: Gott ist un-endlich, un-begreiflich, un-fassbar. Einen anderen Weg beschrieb der protestantische Theologe Friedrich Schleiermacher im 19. Jahrhundert, indem er vorschlug, alle Aussagen über Gott nicht als direkte Beschreibungen Gottes zu verstehen, sondern lediglich als Beschreibungen der Wirkungen und der Erfahrungen, die das Transzendente auf das Subjekt ausübt und auslöst. So ist, nach Schleiermacher, Gott etwa nicht Vater, sondern vom Glaubenden als Vater, d. h. in seinen väterlichen Aspekten, erfahren und wahrgenommen, denn jede Erfahrung ist die Wahrnehmung von etwas als etwas. So spiegeln alle Gottesbeschreibungen nichts anderes wider als die menschliche Erfahrung Gottes und bestimmen so die Haltung und die Erwartung seitens des Menschen im Gegenüber zum Transzendenten.

Obwohl sich wohl alle Religionen ihrer Begrenztheit, das Transzendente angemessen und vollständig erfassen zu können, bewusst sind, behaupten nicht wenige ihre Absolutheit und Überlegenheit anderen Religionssystemen gegenüber.

Alle Religionen betonen zumindest, dass sich ihnen durch eine göttliche Offenbarung ein Heilsweg zum Transzendenten geöffnet habe. In aller Verschiedenheit der Heilswege, die die Religionen verkörpern, lässt sich doch eine ähnliche Vorstellung davon, was Heil sei, ausmachen. So verstehen die meisten Religionen, um eine Formulierung Martin Luthers aufzunehmen, das Heil in der Öffnung des in sich verkrümmten Menschen auf das Transzendente hin, so dass der Mensch an dessen Energien teilhat und sich auch anderen zuwenden kann.

„In diesem Sinn hat John Hick vorgeschlagen, dass sich die Heilsvorstellungen der von der pluralistischen These umfassten Religionen als exemplarische Konkretionen einer allgemeinen soteriologischen Struktur deuten lassen, die er als ‚die Umwandlung des Menschen von der Selbstbezogenheit zur Bezogenheit auf die transzendente Wirklichkeit' beschreibt. Damit ist nicht gemeint, dass sich diese ‚Umwandlung' irgendwo in dieser quasi nackten Formalität vollzieht. Sie vollzieht sich immer nur in der konkreten Vielgestaltigkeit der unterschiedlichen religiösen Heilsvorstellungen und Heilswege. Die Abstraktheit der Formel erlaubt es jedoch, dass vom Standpunkt einer Religion aus der Heilsweg einer anderen Religion … als eine gleichwertige Gestalt dieses heilshaften Transformationsprozesses gedeutet werden kann …"[91]

In der Offenbarung des Transzendenten werden keine besonderen Botschaften übermittelt. Vielmehr zeigt sich das Transzendente selbst in einer Weise, die es dem Menschen ermöglicht, mit ihm in Kontakt zu treten und an ihm teilzuhaben. Bei dieser Teilhabe wird alles, was vom Transzendenten trennt, entfernt. Aufgabe der Religionen ist es, in ihrem jeweiligen Kontext durch Geschichten und Rituale Wege zum Transzendenten zu gestalten. Wenn die Religionen nun beanspruchen, den Menschen zu retten, dann muss unterschieden werden zwischen einem Glauben, der bestimmte Aussagen der Religion für wahr hält, und einem Glauben, der eine Ausrichtung des ganzen Lebens auf das Göttliche meint. Einen solchen Glauben, der die Ausrichtung des ganzen Menschen auf das Transzendente ausmacht, wird man je nach Kultur in verschiedensten Ausformungen finden, wobei die grundlegende Ausrichtung auf das Transzendente überall gleich ist.

In diesem Sinne definiert Wilfred Cantwell Smith Glaube („faith")

„als seine bestimmte Orientierung der Persönlichkeit, sich selbst gegenüber, seinem Nächsten gegenüber, dem Universum gegenüber, eine umfassende Antwort …, eine Fähigkeit, auf einer mehr als nur weltlichen Ebene zu leben; zu sehen, zu fühlen, zu handeln in Hinblick auf eine transzendente Wirklichkeit"[92].

So werden Christen durch ihren auf Gott ausgerichteten Glauben gerettet, die Muslime durch ihren und die vielen anderen ebenfalls durch ihre je spezifische Form, in der sich dieser grundlegende Glaube ausdrückt.

„Faith", so Smith, variiert in seiner Gestalt, nicht aber in seinem Wesen.

„In einem ähnlichen Sinn bezeichnet Smith die religiösen Traditionen als ‚Kanäle' göttlicher Selbstoffenbarung und als Instru-

mente göttlichen Heilswirkens. Die heilsstiftende Offenbarung im Sinne göttlicher Selbsterschließung wird vom Menschen durch ‚faith' empfangen und ‚faith' in seiner konkreten Gestalt ist jeweils geprägt und vermittelt von der entsprechenden religiösen Tradition. Hierin liegen nach Smith der eigentliche Sinn und die Aufgabe der Religionen: Sie sollen den ‚faith' der Menschen nähren und unterstützen. Die prägende Kraft, die dabei der Religion zukommt, kann freilich auch das Gegenteil bewirken. Das heißt, sie können den ‚faith' der in ihnen lebenden Menschen auch schwächen und behindern, anstatt diesen zu fördern."[93]

Vielleicht war es schon der Apostel Paulus, der diesen Begriff des Glaubens als Grundorientierung des Menschen vor Augen hatte, als er schrieb: *„So halten wir nun dafür, dass der Mensch gerecht wird, ohne des Gesetzes Werke, allein durch den Glauben"* (Röm 3,28). In der Sphäre des Transzendenten, so könnte man Paulus interpretieren, kann der Mensch nichts tun, als diese Transformation durch den eigenen Glauben zu empfangen. Der Mensch kann der Gottheit nichts anbieten. Er kann lediglich seine Arme öffnen und empfangen.

Die göttliche Zuwendung zum Menschen, die Jesus in seiner Zuwendung zu den Ausgeschlossenen und Randständigen verkörperte und lebte, hat Paulus in der Beschreibung der „göttlichen Logik" zusammengefasst: In der Gegenwart des Göttlichen enden die menschlichen Möglichkeiten. Gott selbst ist es, der uns öffnet und beschenkt – durch Glauben.

Die Art Jesu, sein Leben zu leben, und sein Tod am Kreuz sind mehr als nur partikulare Ereignisse. Sie sind Ausdruck und Zeichen dieser vertrauenden Ausrichtung auf das Göttliche. An Jesus Christus glauben heißt, in seiner Person diese heilsame Grundausrichtung auf das Göttliche zu erkennen und ihr zu folgen.

„In diesem Sinne wird eine pluralistische Theologie der Religionen voraussetzen, dass Jesus Christus die allgemeine Heilsmöglichkeit nicht konstituiert, sondern dass diese vielmehr durch die barmherzige Selbsterschließung Gottes konstituiert ist und durch Leben, Tod und Auferstehung Jesu repräsentiert wird. Konstitutiv wird die Heilsbedeutung Jesu dann durch ihren grundlegend repräsentativen Charakter. Das heißt, indem Jesus die allein heilsstiftende Liebe zeichenhaft bzw. realsymbolisch repräsentiert, wird er zum Mittler des Heils für all jene Menschen, die dieses Zeichen verstehen und unter seinem Einfluss der Liebe Gottes entsprechen. In diesem – und nur in diesem – Sinn ist Jesus dann auch heilskonstitutiv. Diese Einsicht erlaubt den weiterführenden Gedanken, dass die Heilsbedeutung der Zuwendung Gottes weder allein noch in einer singulären Deutlichkeit durch Jesus Christus repräsentiert wird und daher Jesus auch nicht der einzige Heilsmittler sein muss. Zweifellos repräsentiert Jesus die Zuwendung Gottes und ihre Bedeutung für das Heil des Menschen auf eine einzigartige und unverwechselbare Weise, aber nicht notwendigerweise auf allein einzigartige Weise. Pluralisten bekräftigen, dass die heilsstiftende Gegenwart Gottes beziehungsweise der transzendenten Wirklichkeit in anderen religiösen Kontexten andere, aber deshalb nicht weniger wirksame Repräsentationen gefunden hat.“ [94]

Damit wird eine Abwertung anderer Religionen abgewiesen. Absolutheit gibt es nur im Sinne einer Unbedingtheit, die für den Einzelnen gilt, ohne diese als absolut für alle behaupten zu müssen

9. Minimalistische Theologie und minimalistischer Glaube

Die vorangegangenen Überlegungen zur theologischen Fundierung einer minimalistischen Spiritualität haben zum einen gezeigt, dass sich Religionen insgesamt als Übungssysteme verstehen lassen, womit der bereits herausgearbeitete Übungscharakter minimalistischer Spiritualität noch deutlicher in den Vordergrund tritt. Zum anderen lässt eine pluralistische Theologie der Religionen, auf die keine Spiritualität heute verzichten kann, ein weiteres minimalistisches Element erkennen: Minimalistische Spiritualität kommt nicht umhin, die einzelnen Religionen und Theologien an ihre Erkenntnisgrenzen und ihre Begrenztheit zu erinnern. Religionen sind nicht mit dem Transzendenten identisch, können also nicht dessen Absolutheit beanspruchen.

Minimalistische Theologie schließt damit eine theologische Selbstbegrenzung, die andere Wege und Zugänge zum Transzendenten gelten lässt, notwendigerweise mit ein. Insofern ist eine für das 21. Jahrhundert angemessene Theologie immer auch eine minimalistische Theologie der Religionen, und insofern kommt wohl auch keine Spiritualität umhin, ein Minimum an religionstheologischen Überlegungen einzubeziehen.

Minimalistischer Glaube, so ließe sich vielleicht zusammenfassend sagen, besteht in der Einübung, gegenüber dem Transzendenten die angemessene Haltung zu finden. Als minimalistische Kurzformel könnte hier etwa der paradoxe Ausruf *„Ich glaube. Hilf meinem Unglauben"* (Mk 9,24) oder auch die letzten Worte auf dem von Martin Luther am 16. Feburar 1546 hinterlassenen Zettel sein: *„Vergreife* *dich nicht an dieser göttlichen Aeneis (der Heiligen Schrift), sondern beuge dich und verehre ihre Spuren. Wir sind Bettler. Das ist wahr.“*[95]

Wer sich diese Formulierungen zu eigen macht, begrenzt sich in seinen Möglichkeiten dem Transzendenten gegenüber und erkennt die Überlegenheit des Transzendenten an, womit er zu diesem ins rechte Verhältnis gesetzt wird. Hier geschieht, was Charles Taylor eine *„starke Wertung“* (s. u. IV. 2.1) genannt hatte: Der Mensch erkennt einen Maßstab an, der von ihm selbst unabhängig ist und ihn selbst misst. Oder einfacher gesagt: Ich erkenne an, dass ich nicht der Rahmen oder der Horizont meines eigenen Lebens sein kann.

Wie dies nun konkret aussieht, werden die abschließenden Kapitel zeigen.

VI.
Leben und Glauben in der „zerstreuten Herberge Gottes"

Inzwischen sind wir an der vorletzten Etappe unseres Weges angekommen. Hier werden sich nochmals alle bisher gegangenen Wege kreuzen und vereinen. Das Modell des in Italien entstandenen „Albergo Diffuso", das oft im Deutschen als „Dorfhotel" bezeichnet wird, obwohl diese Bezeichnung das Besondere dieser Art des Beherbergens nicht abbildet, weshalb ich im Folgenden von der „zerstreuten Herberge" sprechen werde, wird uns als Metapher dienen, um die bisher entwickelte minimalistische Spiritualität, die Theologie der Religionen und das konkrete Engagement für das global village zu konkretisieren, zu lokalisieren und so zu einem Gesamtbild zusammenzufügen. Das „Albergo Diffuso" ist ein konkreter Ort minimalistischer Spiritualität im global village, zu dem die globalisierte Welt längst geworden ist und dem unser Engagement dient.

1. Gemeinde als Herberge

Der reformierte Theologe Jan Hendriks veröffentlichte 1999 ein Buch mit dem Titel *„Gemeinde als Herberge. Die Kirche im 21. Jahrhundert – eine konkrete Utopie"*. An der damaligen Schwelle zum neuen Jahrtausend skizzierte der Niederländer Hendriks ein neues Modell der Kirche, das die alte lehrende Kirche, das heißt die Kirche, die ihre Gläubigen mit kirchlichen Lehrsätzen unterweist, überwinden sollte. Zumal, so Henriks, diese Form der lehrenden Kirche lange schon kein Bezugspunkt für Gläubige und Nicht-Gläubige mehr sei. Zunehmend sähen sich die Einzelnen den unterschiedlichen Bereichen ihres Lebens gegenüber, die kein Gesamtbild mehr ergäben, und suchten ihren Weg durchs Dickicht der Gegenwart. Die konkrete Utopie, wie Henriks im Untertitel seinen Entwurf einer neuen Kirche nennt, reagiert auf diese Verunsicherung der Einzelnen, indem sie offene Räume zur Verfügung stellt, in denen es die Möglichkeit gibt, sich selbst und den anderen zu begegnen und den vielen quälenden Fragen ins Gesicht zu sehen. Gemeinde als Herberge öffnet den Suchenden ihre Türen, um sich mit ihnen an einen Tisch zu setzen, ihnen zuzuhören und nach ihren Widerfahrnissen, Verletzungen und Irrungen zu fragen. Wer kommt, darf erzählen, was ihm widerfahren ist, und muss sich nicht als jemand fühlen, der Hilfe braucht. Die Gäste werden gesehen als solche, die hinreichend Weisheit und Wissen mitbringen, um ihr Leben wieder in den Griff zu bekommen. Auch diejenigen, die als Gastgeber fungieren, die ihre Zeit und ihren Einsatz den Gästen widmen, wissen, dass sie selbst auch Gäste in dieser Herberge sind. Denn sie agieren nicht in ihrem Namen, sondern im Namen Jesu, der auch ihr Gastgeber ist. Im Mittelpunkt der Gemeinde als Herberge steht der Gast. *„Der zentrale Begriff in der Identitätskonzeption einer ‚Herberge'" ist Gastfreundschaft! Dieses ist kein nebensächliches Kennzeichen, sondern der alles bestimmende Zug, d. h. der ‚Charakterzug', der das gesamte System Gemeinde bestimmt. Eine Art roter Faden, der in allem wieder zu finden ist. Mit dem Begriff Gastfreundschaft* *sind zwei Kennzeichen vorgegeben: Die Gäste stehen im Mittelpunkt, und sie sind frei.“*[96]

Die Gemeinde als Herberge lebt durch die, die bereit sind, die anderen Gäste zu empfangen und ihnen zuzuhören. Zuhören ist schwierig, weshalb die Freiwilligen, bevor sie zu Gastgebern werden, lernen müssen, den anderen Gästen mit ihren Erzählungen zuzuhören. Gastfreundschaft bedeutet für Hendriks vor allem, durch Zuhören Gast im Leben des anderen zu sein. *„Wenn ich sagen soll, wer ich bin, so erzähle ich am besten meine Story. Jeder von uns hat seine unverwechselbare Story, jeder ist seine Story. Wenn einer nur das ist, was andere über ihn sagen, ohne selbst seine Story erzählen zu können, so ist er nicht reif, nicht erwachsen … Ein Mensch ist das, was man zu und über ihn sagt und was er selbst über sich erzählen kann und was er daraus mit seinem Leben macht.“*[97] Die Gastgeber können dann möglicherweise in die Geschichten der Gäste Fäden biblischer Geschichten hineinweben, die befreiend und lösend sind.

2. Das Albergo Diffuso

Seit der Entstehung der faszinierenden Utopie Jan Hendriks, Gemeinde als Herberge zu verstehen, sind fast 20 Jahre vergangen. Wenn wir auf die heutigen Herausforderungen und Krisen blicken, wie wir sie eingangs kurz umrissen haben, wird deutlich, dass das Konzept Jan Hendriks’ weiterzudenken und auszudehnen ist, auch wenn Hendriks bereits einen Verbund ekklesialer Gruppen mitbedacht hat. Aber allein angesichts steigender Autonomie der Einzelnen und einer zunehmenden Multireligiosität im global village braucht es ein erweitertes Modell, das den neu entstandenen Herausforderungen gerecht wird. Klären wir zunächst, was ein „Albergo Diffuso“ überhaupt ist, bevor wir es als Metapher für das Zusammenleben der verschiedenen Religionen verstehen.

Das „Albergo Diffuso“ ist eine besondere Art Hotel oder Herberge. Anders als Hotels, die eigens gebaut werden, um Menschen beherbergen zu können, besteht das Albergo Diffuso aus einer Reihe von bereits bestehenden Wohnräumen oder Häusern, die sich zerstreut in einem Ort befinden. Deshalb wird das Albergo Diffuso oft auch horizontales Hotel genannt. Anstatt in die Vertikale zu gehen, verteilen sich seine Wohneinheiten in der Horizontalen. Die Häuser und Wohnungen, die das Albergo Diffuso ausmachen, sind auch nicht eigens als Hotelzimmer gebaut worden, vielmehr sind es oft verfallene Häuser, die neu renoviert und restauriert wurden, um sie zu einer Herberge, zu der auch ein zentrales Servicegebäude gehört, zusammenzuschließen.

Die ersten Alberghi Diffusi sind um 1980 in Italien entstanden, vor allem um verlassene Bergdörfer, die unter Abwanderung ihrer Bewohner litten, neu zu beleben. 1982 wird der Begriff „Albergo Diffuso“ zum ersten Mal für ein Projekt in Comeglians (Friaul-Venezien) verwendet, wo man nach dem Erdbeben von 1976 nach Möglichkeiten suchte, dem Ort neues Leben einzuhauchen. In Santo Steffano di Sessanio (Abruzzen) war es der Skandinavier Daniele Kihlgren, der aus einer Utopie Wirklichkeit werden ließ. Durch Zufall war der Däne auf den kleinen Bergort in den Abbruzzen gestoßen. Ein halbverlassener Ort, in dem fast nur noch Alte lebten, weil weggegangen war, wer noch weggehen konnte. Kihlgren erwarb halb verfallene Häuser und begann diese mit dem Handwerkswissen der Alten behutsam zu restaurieren. Auch alte Möbel und anderes restaurierte er mit den übriggebliebenen Handwerkern vor Ort. Nach und nach entstanden neue Wohnräume, die er zu einem Albergo Diffuso verband.

Von diesen Geschichten gäbe es etliche zu erzählen. Was alle diese Geschichten eint, ist, dass alle Alberghi Diffusi mit großem Traditionsbewusstsein und Respekt für die örtliche Geschichte entstanden. So hat jedes Albergo Diffuso einen ganz eigenen Charakter. Mehr noch, jede einzelne Unterkunft eines Albergo Diffuso hat seinen eigentümlichen Charakter bewahren können und gehört doch zu einem größeren Ganzen. So fällt das Besondere des Albergo Diffuso sofort auf: Diesem Modell der Beherbergung gelingt es in besonderer Weise, bereits Vorfindliches in seiner Besonderheit zu achten und es dennoch in einen übergreifenden Rahmen einzufügen.

Wenn einem am Ende der Welt ein Bekannter unerwartet über den Weg läuft, sagt man: Die Welt ist ein Dorf. Das Modell des Albergo Diffuso mit seinen unterschiedlichsten Wohneinheiten, die dennoch als Einheit zu sehen sind, scheint mir eine geeignete Metapher, um das Miteinander der Religionen im global village zu veranschaulichen. Verschiedenste Innenräume werden zu einer äußeren Einheit zusammengefügt. In jeder Wohneinheit wird geschlafen und gearbeitet, gekocht und gegessen, gebetet und gefeiert – auf ganz unterschiedliche Weise. Wie immer ich diesen Tätigkeiten nachkomme, ich weiß, dass nur wenige Meter entfernt jemand das Gleiche tut wie ich, nur eben anders. Doch diese Verschiedenheit muss mir keine Angst mehr machen. Ich empfinde sie als Bereicherung und Reichtum. Verschiedenheit macht das Albergo Diffuso bunt – und manchmal auch anstrengend. Eintönigkeit und Uniformität jedenfalls gehören nicht zum Albergo Diffuso.

3. Innere und äußere Gastlichkeit

Nicht alle Häuser und nicht jeder Wohnraum gehört zum Albergo Diffuso. Nicht jede Religion und nicht jeder Gläubige möchte und kann zum Albergo Diffuso gehören. Welches ist also das Kriterium, nach dem zu entscheiden ist, wer dazugehören darf und wer nicht? Im Rückgriff auf das bereits zurückgelegte Wegstück wird die doppelte Antwort nicht sonderlich überraschen: Wo immer Menschen (und Religionen) sich darum bemühen, innere Räume zu schaffen, in denen Gott oder dem Transzendenten als Grund und Abgrund Raum gegeben wird, um Menschen zu verwandeln, handelt es sich um einen Teil des Albergo Diffuso. Wo immer Menschen (und Religionen) sich bemühen, äußere Räume zu schaffen, in denen andere als Gäste sich ausruhen, nach sich selbst und Gott fragen können, um sich verwandeln lassen zu können, handelt es sich um einen Teil des Albergo Diffuso.

Das Bewusstsein dieser doppelten Gastfreundschaft beeinflusst auch maßgeblich die Art und Weise, wie die Religionen friedlich zusammenleben. Der Anspruch, die einzig wahre Religion zu sein, hat über Jahrhunderte hinweg unzählige Opfer gekostet. Immer wieder wurden und werden Kriege deswegen geführt, Menschen gequält und Leben zerstört. Wenn sich jedoch die einzelnen Gläubigen und die Religionen insgesamt als Teil des Albergo Diffuso Gottes verstehen würden, ließen sich viele Konflikte aus der Welt schaffen. Bisher ist es allerdings wenigen Religionen gelungen, sich als Teil und Ausdruck eines großen Ganzen zu verstehen. Wie viel wäre gewonnen, wenn die Religionen und jeder einzelne Gläubige den eigenen Glauben nicht mit der Absolutheit des Göttlichen selbst verwechseln würde. Nicht die eigene Religion, nicht die eigene Spiritualität ist wahr, sondern Gott ist die Wahrheit. Das Modell des Albergo Diffuso gesteht den einzelnen Religionen und Glaubensweisen ihre Besonderheit zu und verneint zugleich den Anspruch, den anderen überlegen zu sein.

Als Jesus im Johannesevangelium sagte: *„Im Hause meines Vaters gibt es viele Wohnungen"* (Joh 14, 2) oder *„Ich bin der gute Hirte … Und ich habe noch andere Schafe, die sind nicht aus diesem Stall"* (Joh 10,11.16), dachte er vielleicht an die Weite des Albergo Diffuso, dessen Weite weit über das hinausgeht, was wir Menschen uns vorstellen können.

4. Konkrete Aktion: das offene Gastmahl

Seit Jahren kommen die ökumenischen Gespräche über das Verständnis des Abendmahls bzw. der Eucharistie nicht recht voran. Noch immer müssen die großen Kirchen, wenn Brot und Wein gereicht wird, getrennt feiern. Besserung und Hoffnung ist derzeit nicht in Sicht.

Angesichts dieser verfahrenen Situation hat der 1922 geborene und erst jüngst verstorbene Jörg Zink, einer der großen populären Theologen Deutschlands, die Evangelien einer neuen Sichtung unterzogen und etwas entdeckt, das uns über die Jahrhunderte verloren gegangen ist: das offene Gastmahl. Zink sieht zwei Typen von Gastmählern im Neuen Testament: Der eine Typ verbindet sich mit dem letzten Abend, den Jesus im kleinen Kreis verbringt und bei dem er sich selbst mit Brot und Wein identifiziert, seinen eigenen Tod vorwegnehmend. Das Abendmahl ist das erinnerungsträchtige Mahl, bei dem sich die Gläubigen mit der Gegenwart Jesu verbinden. In diesem Sinne wird das Abendmahl bei geschlossenen Türen gefeiert.

Den anderen Typ von Gastmahl, das offene Gastmahl, entdeckt Zink mitten im Leben Jesu. Es sind jene Bankette und Feiern, bei denen sich Jesus mit denen an einen Tisch setzt, die sonst von jeder (jüdischen) Tischgemeinschaft ausgeschlossen waren: Zöllner und Prostituierte, Kranke und Gesetzesbrecher. Alle sind sie eingeladen, und niemand ist ausgeschlossen. Diese offenen Gastmähler sind Vorgeschmack des Reiches Gottes. Sie feiern in ihrer Freude und Ausgelassenheit die barmherzige und einladende Zuwendung Gottes zu allen.

Diese offenen Gastmähler nun, so Zink, könnten für die Kirchen heute eine einmalige Chance sein. Nicht nur die bisher bestehenden Trennlinien zwischen den Kirchen könnten dabei unwichtig werden, denn die offenen Gastmähler unterliegen keinerlei dogmatischen Vorschriften. Zum anderen könnte die Kirche mit solchen offenen Gastmählern ihren Weg zurück in die Mitte der Gesellschaft bewerkstelligen. Die Kirchen könnten ihre Türen endlich wieder öffnen, Tisch und Stühle herausstellen und Gastfreundschaft praktizieren. Mit denen und für die, die anders glauben als sie selbst, und auch mit denen, die es längst aufgegeben haben zu glauben und dennoch Suchende geblieben sind.[98]

So könnte das offene Gastmahl auch ein weiteres Merkmal und eine konkrete Aktion des Albergo Diffuso werden, in dem sich zeigt, dass Zuwendung zu anderen und eigene Identität kein Widerspruch sein müssen. Damit sind wir im Grunde schon fast bei der Praxis minimalistischer Spiritualität angekommen. Abschließend aber zuvor noch einige zusammenfassende Überlegungen.

5. Die Kunst der minimalistischen Spiritualität und die zerstreute Herberge Gottes

Es ist kein Zufall, dass die hier skizzierte minimalistische Spiritualität bereits im Namen einen Bezug zur Kunst enthält, indem sie sich auf den Minimalismus als Kunststil bezieht. Eine Spiritualität, die auf die gegenwärtigen Herausforderungen reagiert und nach Lösungen sucht, kann gar nicht anders, als Kunst zu sein. Nur wenn heutige Christen zu autonomen Künstlern werden, werden sie in der Lage sein, der Gegenwart etwas Neues hinzuzufügen. Künstlerisches Schaffen braucht nicht nur Können, Leidenschaft und Disziplin, sondern vor allem den Mut, ausgetretene Pfade zu verlassen und Neuland zu betreten. Ohne tägliche Übung wird der „christliche Künstler" sein Sehnsuchtsziel, sich vom Transzendenten verwandeln zu lassen, nicht erreichen. Ohne der eigenen Sehnsucht eine klare Form zu geben, wird er sich ebenfalls im Vagen und Gefühlsduseligen verlieren. Männer und Frauen, die eine Sehnsucht nach einem anderen Leben in sich spüren, sind aufgerufen, autonome Artisten zu werden und ins Neue aufzubrechen. Konsumismus und das Streben nach immer mehr Besitz, Einfluss und Bequemlichkeit werden sie hinter sich lassen müssen. Immer schon suchten Künstler nach Wegen, mit einem Minimum an Mitteln maximalen Ausdruck zu erreichen.

Die Religionen können den Suchenden ihre reichen Traditionsschätze, die über Jahrhunderte hinweg gewachsen sind, zur Verfügung stellen. Aber all diese Schätze können die eigene Suche des Einzelnen nicht ersetzen. Die Kirchen und auch die übrigen religiösen Institutionen haben die schwierige Aufgabe, diesen Einzelnen beim eigenen Lernen und Suchen zu behilflich zu sein. Sie müssen diese mit dem Wissen ausstatten, dass es eigene Wege zum Transzendenten braucht.

Anstatt ihre Gläubigen in ihren eigenen Lehrgebäuden einzuschließen, müssen die Kirchen selbst zu einem Teil des Albergo Diffuso werden, zu Rast- und Lernstationen, an denen Menschen ausruhen, sich vorbereiten und zu sich kommen, bevor sie ihre Reise fortsetzen.

Das Alberge Diffuso ist zuallererst eine Metapher, eine Verständnishilfe, die zeigt, wie und dass die Verschiedenheiten der Religionen einer gemeinsamen Sehnsucht nach dem Transzendenten entspringen.

Im Albergo Diffuso finden wir einzelne Räume, die den einzelnen Gläubigen entsprechen, und größere Gemeinschaftseinheiten, die die Religionen repräsentieren mit ihren jeweiligen Besonderheiten der Gottessuche. In jedem dieser Räume ist der Geist Gottes – mehr oder weniger deutlich – präsent. So umfasst die Metapher des Albergo Diffuso Verschiedenheit und Einheit, Zusammenleben und Akzeptanz.

Das friedliche Zusammenleben der Verschiedenen im global village ist, wie wir täglich in den Zeitungen lesen können, noch lange nicht verwirklicht. Im Albergo Diffuso wird schon gelebt, eingeübt und vorweggenommen, was einmal überall so sein könnte. Deshalb ist das Albergo Diffuso mit seiner minimalistischen Spiritualität zugleich Utopie und Wirklichkeit, Vorschein des Kommenden. Die Wirklichkeit des Albergo Diffuso ist heute allerdings schon eine Herausforderung, fordert es doch von jedem Einzelnen und von jeder Religion Selbstbeschränkung in den eigenen Ansprüchen. Wer bereit ist, ein Teil von etwas zu sein, verzichtet darauf, das Ganze sein zu wollen.

Gastfreundschaft, gegenseitige Einladungen, Dialog und das offene Gastmahl sind Mittel und Wege, zu einer tieferen gegenseitigen Anerkennung und Wertschätzung zu kommen. Dieser gemeinsame Weg schließt Kritik und Selbstkritik nicht aus, ganz im Gegenteil. Die Begegnung mit den anderen macht eigene Schatten sichtbar und wahrnehmbar, schließt Abwege und Umwege notwendigerweise ein, auch weil das Transzendente in seiner Komplexität wächst. Viel zu lange haben wir uns daran gewöhnt, das Transzendente als feststehende Einheit zu denken und uns vorzustellen. Ein evolutives Bild des Transzendenten scheint mir auch angesichts der Religionsgeschichte sehr viel passender und richtiger.

Meister Eckehard schreibt: „... *denn mitnichten sind die Menschen alle auf einen Weg zu Gott gerufen ... Denn Gott hat der Menschen Heil nicht an irgendeine besondere Weise gebunden. Was eine Weise hat, das hat die andere nicht.*“[99]

Diese offene Weite trägt das Albergo Diffuso und inspiriert minimalistische Spiritualität, deren Hauptmerkmal die Beschränkung auf das Essenzielle ist.

Wie wir gesehen haben, ist das Albergo Diffuso und auch das offene Gastmahl zweierlei zugleich: Metapher und Konkretion. Im nächsten Abschnitt zur „Minimalistischen

Praxis“ werden wir deshalb auf beides nochmals zurückkommen, um zu zeigen, wie eine „community of practice“ aus einer Metapher eine konkrete Aktion entstehen lässt.

Vor allem Handeln liegt allerdings die Einsicht, dass der Mensch in der Sphäre des Transzendenten nicht handeln, sondern nur empfangen und sich verwandeln lassen kann. Luthers Erkenntnis, dass der Mensch sich nicht selbst rechtfertigen kann (und muss), sondern von Gott gerechtfertigt wird – ohne sein Zutun –, bleibt dabei das alles tragende Fundament. Sich selbst dafür mit Leidenschaft, Disziplin und Selbstverantwortung bereitzuhalten ist der Kern minimalistischer Spiritualität. So ermutigt minimalistische Spiritualität zu nichts anderem, als das eigene Ohr an den Herzschlag des Geheimnisses der Welt zu legen und sich durch diesen Herzschlag verwandeln zu lassen.

Damit sind die fünf tragenden Elemente minimalistischer Spiritualität herausgearbeitet und mit der Gegenwart verbunden worden: Wer sich von der Sehnsucht nach Verwandlung erfassen lässt und minimalistische Spiritualität praktiziert, konzentriert sich *erstens* auf das Essenzielle und reduziert Materielles wie Immaterielles auf das Notwendige. *Zweitens* übt er oder sie mit Geduld, Disziplin und Leidenschaft, in der Gegenwart des Transzendenten zu verweilen. *Drittens* glaubt und handelt er oder sie autonom. *Viertens* ist er oder sie Teil einer tätigen und feiernden Gemeinschaft, die Anders-, anderes und Nicht-Glaubende einschließt. *Fünftens* ist er oder sie sensibel für die Wunden der Gegenwart, auf die er oder sie mit anderen handelnd reagiert.

VII.
Zur Praxis minimalistischer Spiritualität

Abendseufzer
Einen Ameisen-Schritt
tat ich heute auf dem Pfad meiner Seele,
Eine Fichtennadel schleppte ich hinter mir her,
eine Blattlaus war meine Beute.
Aber mein Tag war von Arbeit und Dank erfüllt.
Jarno Pennanen[100]

Weite Wege sind wir bis hierher gegangen und haben bei dem hl. Antonius und Martin Luther, Dietrich Bonhoeffer, Frère Roger und dem Albergo Diffuso Aspekte minimalistischer Spiritualität entdeckt. So haben wir gesehen, wie in verschiedenen Gestalten minimalistischer Spiritualität Glauben und Handeln, Kampf und Kontemplation, Mystik und Widerstand, vita contemplativa und vita activa ineinandergriffen und durch die Klammer des Minimalismus beieinandergehalten wurden. In der Praxis wird es also darum gehen, diese grundlegende Bipolarität von passiver Erfahrung in der spirituellen Praxis und aktiver Selbstwirksamkeit in der Beziehung zu anderen umzusetzen. Erst beides zusammen lässt minimalistische Spiritualität zu einem aus inneren Quellen gespeisten Lebensstil werden.

In diesem letzten Abschnitt sollen nun praktische Überlegungen das bisher Dargestellte abrunden und konkret im alltäglichen (Glaubens-)Leben verankern. Freilich hieße es bei diesem letzten Schritt alles zu verderben, würden unsere Überlegungen in Ratschläge oder Vorschläge oder gar Tipps münden. Minimalistische Spiritualität, so viel dürfte deutlich geworden sein, ist ein Lebensstil der Freiheit, der sich schlecht mit vorgefertigten Anwendungsmustern verträgt. Vielmehr zielt dieses letzte Kapitel darauf, Mut zu machen, eigene (spannungsvolle und spannende) Formen der Freiheit zu finden, diese immer wieder zu verwerfen und neu aufzubauen. Deshalb werde ich im Folgenden vor allem versuchen, die entscheidenden Grundaspekte zu benennen, die es zu gestalten gilt.

Spirituelle Minimalisten haben Freude am Ausprobieren und Experimentieren, am Versuch und am Lernen durch Erfahrung. Im weiteren Verlauf wird sich zeigen, wie sehr dieser minimalistische Lebensstil mit einer zukunftsfähigen reduktiven Moderne verwoben ist und auf die anfangs beschriebenen Krisen konkret antwortet. Alle Praxis minimalistischer Spiritualität zielt auf das Menschen und Natur respektierende Miteinander im multireligiösen global village, das die Welt längst geworden ist.

Nach einigen Vorüberlegungen werde ich die Handlungsfelder minimalistischer Spiritualität in den drei zentralen Achsen, die wir in der Resonanztheorie Hartmut Rosas kennengelernt hatten, darstellen: vertikal – in spiritueller Praxis unter Einbeziehung der Natur (vita contemplativa); horizontal – in der sozialen und politischen Dimension; diagonal – in der Beziehung zu den Dingen (vita activa).

1. „Setze dir selbst ein Maß ..." – Formen minimalistischer Spiritualität

Wer sich auf die Suche nach einem minimalistischen Lebensstil macht, kommt nicht umhin, das spannungsvolle Beieinander von Freiheit und Grenze wahrzunehmen. *„In den kargen Zeiten meiner Kindheit waren den Menschen natürliche und oft harte Grenzen gesetzt … Man lebte also in Begrenzungen, die die Gesellschaft und die Natur verhängt hatten. Viele dieser Zeitgrenzen haben wir überwunden, wir sind freier geworden. Es könnte aber sein, dass wir uns selbst undeutlich werden, wo alle Grenzen fallen, und dass das Leben uns weniger einleuchtet, wo es seine Rhythmen verliert … Grenzen der Freiheit gab es früher reichlich. Grenzen, die die Freiheit schützen, müssen wir neu erfinden."*[101]

Fulbert Steffensky macht darauf aufmerksam, dass jede Freiheit Formen der Selbstbestimmung braucht, damit sie sich nicht verliert und in Willkür umschlägt. Spirituelle Minimalisten (und auch alle anderen Menschen) stehen vor der Aufgabe, sich selbst Grenzen zu setzen, indem sie Formen ausbilden, in denen sich ihre Freiheit entfalten kann. *„Das ist der Preis der Realisierung von Freiheit: dass sie wieder in Formen gegossen, in Bindungen und Beziehungen festgelegt wird, auf deren mögliches Anderssein für eine unbestimmte Dauer verzichtet werden muss, um die Freiheit wirklich leben zu können … Das ist das Freiheitsdilemma, aus dem es kein Entrinnen gibt: Die Freiheit von einer Gebundenheit, von einer Notwendigkeit, von einer Form, die vielleicht zu starr geworden ist, kann letztlich nur von einer anderen Formgebung, Notwendigkeit und Gebundenheit befestigt werden, die jedoch ihrerseits die Freiheit wieder bindet und begrenzt."*[102]

Am Anfang minimalistischer Spiritualität stehen somit das Ausbilden und Wählen einer Form. Ich bestimme, wie lange, wie und wann ich meditiere, wie viel und wann ich etwas kaufe, verbrauche und nutze. Ich setze fest, welches Verhältnis ich zu den Alltagsdingen einnehme.

Bereits unsere Anfangsdefinition von Spiritualität, in der wir diese als durch Übung vertiefte Sehnsucht nach Verwandlung durch das Transzendente verstanden hatten, beinhaltete das Element der Formgebung, durch die die Sehnsucht nach Verwandlung langfristig wachgehalten und kultiviert wurde. In den Buchhandlungen finden sich inzwischen ganze Regale solcher – nicht selten vergnüglich und anregend zu lesender – Bücher, in denen Autoren von ihren Erfahrungen solcher „Selbstgesetzgebung" erzählen. „Wie viel weniger ist mehr", könnte dabei ebenso als Leitfrage dienen wie „Wie viel ist notwendig, um das Essenzielle nicht aus dem Blick zu verlieren?" Oder als Aufgabe formuliert mit den Worten eines Wüstenvaters: *„Verordne dir selbst ein Maß in jedem Werk und steh nicht eher davon ab, als bis du es vollendet hast."*[103]

1.1 Essayistisch leben …

Die oben beschriebene Selbstfestlegung durch Formen atmet den Geist der Freiheit und die Leichtigkeit des Versuchs und entspringt somit einer essayistischen Grundhaltung, die der Philosoph Wilhelm Schmid als Element der Neuzeit kennzeichnet. *„Montaigne steht für das essayistische Element, das mit der Neuzeit Eingang in eine reflektierte Lebenskunst findet. Lebenskunst bedeutet – da sich alle fest geglaubten Orientierungspunkte sukzessive auflösen – unter neuzeitlichen und modernen Bedingungen mehr als jemals, einen experimentellen Weg einzuschlagen, ohne wirklich wissen zu können, wohin er führt."*[104]

Essayistisch oder experimentell leben heißt nicht, sich in unendlichen Versuchen zu verlieren, wohl aber das Ausprobieren und Experimentieren als notwendiges Element minimalistischer Praxis anzusehen, die sozusagen im Vorgriff immer zu realisieren sucht, was es noch nicht gibt. Alleinige Traditionspflege und das Setzen auf bloßes Wiederholen wären nicht ausreichend. Vielmehr ist die Freude an sich immer wieder verändernden und neuen Formen entscheidend.

1.2 ... in der reduktiven Moderne

Dabei ergibt sich ein zentraler Berührungspunkt mit dem, was der Politologe Harald Welzer *„reduktive Moderne"* nennt. Welzer sieht die gesamte Moderne unter dem Vorzeichen des Expansivismus stehen. In der kapitalistischen Moderne beginnt ein Prozess des Immer-Mehr, des Expandierens. Wachstum ist das Credo der Moderne. *„Allein im 20. Jahrhundert wurde mehr Energie verbraucht als während der gesamten Menschheitsgeschichte davor. Im selben Zeitraum ist die Wirtschaft um das Vierzehnfache, die industrielle Produktion um das Vierzigfache angewachsen. Die Menge an gekaufter Kleidung verdoppelt sich in den USA jahrzehntweise."*[105]

Diesem ins scheinbar Unendliche wachsenden Ressourcenverbrauch steht jedoch eine endliche Welt gegenüber. *„Die Wirklichkeit, die besteht in dem schlichten Umstand, dass eine endliche Welt keinen Raum für unendliches Wachstum bereit hält ..."*[106]

Welzer setzt dieser expansiven Moderne deshalb das Modell einer reduktiven Moderne entgegen, die sich durch eine neue Kultur des Gebrauchs von Dingen und des Verbrauchs von Ressourcen auszeichnet. *„Da wir aber vor der*

Aufgabe stehen, ein historisch ungeheuer erfolgreiches gesellschaftliches Modell so umzubauen, dass wir seine zentralen Errungenschaften bewahren und zugleich den Ressourcenverbrauch radikal absenken, kommen wir um die Erkenntnis nicht herum, dass die Transformation der Gesellschaft unweigerlich die Transformation unseres eigenen Lebens ist: das Herunterfahren von Ansprüchen, die Veränderung der konkreten Praxis, also die Veränderung der Mobilität, der Ernährung, des Arbeitens, der Freizeit, des Wohnens, die Umgewichtung von Werten. Das gute Leben muss man leider auch gegen sich selbst erkämpfen, gegen die Trägheit des Gewohnten, des gefühlten Menschenrechts auf ‚bitte immer weiter so'. Wenn es um Widerstand geht, bedeutet das immer auch: Widerstand gegen sich selbst."[107] Welzer setzt also genau dort an, wo auch minimalistische Spiritualität ihren Anfang nimmt: beim Einzelnen, der sich beschränkt und reflektiert darüber entscheidet, was er wirklich braucht und was nicht.

Die reduktive Moderne und das Modell minimalistischer Spiritualität berühren sich darin, Reduktion als freiwillige Entscheidung des Einzelnen für den Gewinn von Lebensqualität zu verstehen. Besonders in der Art und Weise, wie Einzelne sich auf den Weg in die reduktive Moderne machen, zeigt eine enorme Nähe zur minimalistischen Spiritualität und zu ihrem experimentellen Lebensstil. *„Dabei ist es ein großer Vorteil, dass wir gar kein fertiges Wissen haben, wie man aus der Kultur der expansiven in jene der nachhaltigen Moderne kommt. Ein solches Wissen muss erst entstehen und erarbeitet werden … Aber es gibt Formen von Praxis, in denen solches Wissen geschöpft wird … Das für die nachhaltige Moderne notwendige Wissen entsteht und erprobt sich im Entwerfen, Ausprobieren, Experimentieren, Prüfen, Austauschen, Generalisieren, erneut ansetzen usf."*[108]

Dabei haftet diesem tastenden Suchen immer Utopisches an; ein Vorgriff auf eine noch unbekannte Zukunft, die dennoch die Gegenwart prägt. So wie es Paulus beschreibt, wenn er sagt: „Es ist noch nicht offenbar, was wir sein werden …" *„Die Heuristik einer nachhaltigen Moderne ist deshalb ein Utopisches-bis-auf-Weiteres und kennt daher auch Handlungsmaximen, die der nichtnachhaltigen Moderne völlig wesensfremd sind: probieren, abbrechen, aufhören, innehalten, pausieren. Kein Masterplan also, sondern immer nur ein Patchwork aus unterschiedlichen Experimenten …"*[109]

So durchdringen sich minimalistische Praxis und das Modell einer reduktiven Moderne gegenseitig, die gemeinsam auf die derzeitigen Krisen kreativ reagieren. Die anfangs beschriebenen Krisen der Gegenwart lassen sich nicht durch einen Masterplan von oben beheben. Vielmehr erfordern sie eine veränderte soziale und kulturelle Praxis, die sich durch Reduktion bzw. Minimalismus auszeichnet.

Nach diesen grundlegenden Vorüberlegungen wollen wir uns nun der Praxis zuwenden.

2. Vita contemplativa – Zur Praxis der Meditation

> *„Übe dich selbst aber*
> *in der Frömmigkeit"*
> (1 Tim 4,7).
> *„Darum sollt ihr vollkommen sein,*
> *wie euer himmlischer Vater*
> *vollkommen ist"* (Mt 5,48).

Minimalistische Spiritualität speist sich aus der Quelle der Übung, die sich – wie bereits mehrfach betont – mit Disziplin, Leidenschaft und Phantasie verbindet.
Wie nun aber lässt sich diese meditative Quelle erschließen? Im Folgenden werde ich versuchen, dazu einige praktische Hinweise zu geben.

2.1 Das Netz der Gewohnheiten neu knüpfen – Achtsamkeit und Heilung durch Meditation

Wer gegen das Gewohnte neue Gewohnheiten einüben und somit das Netz der Gewohnheiten neu knüpfen möchte, braucht dazu Geduld und Disziplin, aber nicht nur das. Alte Verhaltens- und Denkmuster lassen sich nur aufbrechen, wenn dagegen neue Gehirnmuster durch wiederholtes Tun entstehen. Das von dem Amerikaner John Kabat-Zinn entworfene klinische Achtsamkeitstraining (MBSR – mindful based stress reduction) ist dafür ein eindrucksvolles Beispiel. Seit über 30 Jahren begleiten Kabat-Zinn und sein Team (anfangs in Massachusetts, inzwischen weltweit) Menschen mit Schmerzen oder anderen Beeinträchtigungen, die lernen müssen, damit zu leben, weil es für sie medizinisch keine weiteren Hilfen gibt. Im achtwöchigen MBSR-Programm lernen die Patienten vier Meditationsmethoden (Bodyscan, Sitz- und Gehmeditation sowie Yoga-Übungen), die sie täglich rund 30 Minuten selbstständig zu Hause praktizieren. Meine eigenen Erfahrungen mit diesem Programm haben mir gezeigt, wie hilfreich das Einüben von Achtsamkeit nicht nur für Stressreaktion, sondern vor allem für den Aufbau eigener Kraft- und Widerstandsressourcen ist. Achtsamkeit bedeutet dabei, ganz im Jetzt, ganz im Augenblick, ganz im eigenen Körper zu sein. *„In der Meditation üben wir uns in der Akzeptanz, indem wir jeden Augenblick so annehmen, wie er sich uns präsentiert, und uns ganz seinem Sosein öffnen. Wir üben uns darin, in die Erfahrung des Augenblicks keinerlei Vorstellungen darüber hineinzutragen, was wir fühlen, denken, erleben sollten, und bleiben offen und empfänglich für das, was wir jetzt wirklich fühlen, denken und erleben. Wir üben uns darin, es anzunehmen, weil es jetzt da ist.“*[110]

Durch das einfache Bleiben im Hier und Jetzt und das Akzeptieren dessen, was da ist, erschließen sich dem Übenden neue Möglichkeiten, Veränderungen und Heilung herbeizuführen. *„Die Fähigkeit zum achtsamen Umgang mit Stress wird jedesmal trainiert, wenn wir Schmerzen, Unbehagen oder intensive Gefühle, die während der formalen Meditationsübung auftreten, einfach nur beobachten und als das nehmen, was sie sind, ohne auf sie zu reagieren. Wie wir bereits gesehen haben, verwurzelt uns die Meditationsübung Augenblick um Augenblick in einer tieferen Schicht, von der aus wir unsere Tendenzen zum impulsiven Reagieren auf andere Weise betrachten und handhaben können. Damit eröffnet sich uns die Möglichkeit einer gänzlich anderen Art der Beziehung zu dem, was wir als schwierig, unangenehm oder unerträglich erleben.“*[111]

Kabat-Zinn spricht in diesem Zusammenhang von einem „Spielraum", der sich uns eröffnet, wenn es gelingt, spontane (Stress-/Wut-/Ärger-)Reaktionen nicht zu unterdrücken, sondern zunächst wahrzunehmen und dann zu entscheiden, welche die angemessene Möglichkeit der Reaktion ist. Meditationsübungen verankern und zentrieren uns, so dass wir nicht mehr wie ein kleines Schiff von Stressstürmen umgeworfen werden können. Die Meditation in allen ihren Formen dient so vor allem dem Einüben des Widerstehens, spontanen Impulsen zu folgen. Wer jemals versucht hat, zehn ruhige Atemzüge zählend nacheinander zu machen, kennt die Versuchung, bereits nach dem dritten mit anderen Gedanken beschäftigt zu sein und spätestens beim achten aufspringen zu wollen, um noch schnell etwas zu erledigen. Atemübungen, Geh- und Sitzmeditationen sind körperbezogene Übungen darin, an diesem Ort, zu dieser Zeit zu bleiben und nicht ins Grübeln oder Tun abzugleiten. *„Wir versuchen nicht, irgendwohin zu gelangen, sondern arbeiten daran, vollkommen dort zu sein, wo wir schon sind."*[112]

Meditation wird so zur Einübung in ein anderes Sein, das wir jenseits allen Tuns auch sind. *„Achtsamkeit ist nicht bloß ein begriffliches Konzept oder eine gute Idee. Sie ist eine Form zu sein."*[113]

Wie kaum ein anderer hat Kabat-Zinn zu zeigen vermocht, auf wie grundlegende Weise Meditations- und Achtsamkeitspraxis nicht nur in Stresssituationen hilfreich sein können, sondern darüber hinaus zu einer Grundhaltung, zu einem Habitus, führen, der heilsam ist.

Einen guten Einstieg in die meditative Praxis bietet der sogenannte „Sitzplatz in der Natur".

2.2 *In der Natur*

Bevor die eigentlichen körperorientierten Meditationsformen geübt werden, ist es sinnvoll, die Natur als Übungs- und Wahrnehmungsfeld zu nutzen.

2.2.1 … seinen Ort finden und schweigen …

Im Coyote-Guide-Training, einem besonderen Konzept der Wildnispädagogik, werden bestimmte Kernroutinen eingeübt und ausgebildet. Eine davon ist der „Sitzplatz in der Natur". Diese Kernroutine kann als einfacher und zugleich grundlegender Einstieg ins Meditieren dienen. Worum es geht?

„Finden Sie einen Ort in der natürlichen Welt, den Sie immer wieder aufsuchen und den Sie kennenlernen, als wäre es Ihr bester Freund. An diesem Ort werden Sie lernen stillzusitzen …"[114]

Indem wir damit beginnen, immer wieder den gleichen Ort in der Natur aufzusuchen, uns dort hinzusetzen, still zu werden und zu beobachten, was es um uns herum in der Natur zu sehen, zu hören und zu riechen gibt, geschieht etwas sehr Grundlegendes: Wir, die wir oft hektisch, gehetzt und vor allem ins Aktivsein verliebt sind, beginnen wahrzunehmen, ohne einzugreifen. Der Sitzplatz in der Natur wird zu einem besonderen Ort des Lernens, an dem wir aus unserem üblichen Modus des Seins aussteigen und ganz auf der Ebene der Wahrnehmung bleiben. *„Das Wesentliche an dieser Routine ist schlicht, einen Platz richtig gut kennenzulernen – wie ein Biotop, also die Gemeinschaft von Böden, Pflanzen, Tieren, Bäumen, Vögeln und Wettersystemen –, und zwar zu jeder Tages- und Nachtzeit, in jeder Jahreszeit und bei jedem Wetter. Mit anderen Worten: Dieser Platz wird zu Ihrem Nest, Ihrer Nische, Ihrem Lernort, Ihrem Spiel-*

platz beim Spurensuchen und auch zu Ihrem Rückzugsort und Ihrem persönlichen Zentrum für Erneuerung."[115]

Wer immer sich darauf einlässt, einen dem Wohnort nahen Ort zu wählen, den er oder sie regelmäßig aufsucht, um ihn kennenzulernen und sich dort ganz der Wahrnehmung hinzugeben, wird erfahren, welche Magie ein solcher Ort bekommen kann, wie ein solcher Ort zu einem Symbolort erster Güte wird, weil er eine Gegenwelt darstellt, in der wir nicht als Handelnde gefragt sind, sondern als solche, die als Beobachter einfach nur Gäste und Besucher sind, die beispielsweise mit den Augen dem Weg eines Käfers folgen oder den wandernden Schatten der Sonne folgen.

Der amerikanische Biologe David G. Haskell hat mit seinem Buch „*Das verborgene Leben des Waldes*" einer solchen Erfahrung ein literarisches Denkmal gesetzt. Die Ausgangssituation ähnelt dem Sitzplatz in der Natur. Die Voraussetzung dafür ist nichts anderes als das Wissen darum, dass sich im Kleinen das Große abbildet. „*Können wir durch ein kleines, beschauliches Fenster aus Laub, Felsen und Wasser den ganzen Wald sehen? Ich habe versucht, eine Antwort oder vielmehr eine vorläufige Antwort auf diese Frage in einem Mandala in den Bergen von Tennessee, in urwüchsigem Wald, zu finden. Mein Wald-Mandala ist ein Kreis von etwa einem Meter Durchmesser … Auf der Suche nach einem geeigneten Mandala bin ich aufs Blaue durch den Wald gestreift, bis ich schließlich einen geeigneten Stein fand, auf dem ich sitzen konnte. Der Fleck vor dem Stein wurde mein Mandala: ein mir bislang vollkommen unbekannter Ort …*"[116]

Am Anfang aller Meditation steht also eine neue Gewohnheit, wie in diesem Falle sich die Zeit zu nehmen, in die Natur zu gehen und dort nichts zu tun, als stille zu werden und zu beobachten, und einen Ort zu schaffen, der für diese neuartige Erfahrung steht. Meditative Praxis beginnt mit der Wahrnehmung – zuerst der äußeren Natur, dann der eigenen körperhaften.

Wo lässt sich gut und schnell erreichbar ein solcher Ort in der Natur finden? Wann ist Zeit, diesen aufzusuchen und dort zu verweilen? Welche Erfahrungen werden sich dort einstellen?

2.3. … gehen und stehen

Die freie Natur bietet aber nicht nur die Gelegenheit zum Sitzen und Beobachten. Auch das bewusste Gehen und Stehen in der Natur kann ein erster Zugang zur Achtsamkeit und zu anderen Meditationsformen sein.

So ist das Gehen in der Natur eine nicht nur im Buddhismus gebräuchliche Meditationsform, die zuerst einmal hilft, ganz in der Gegenwart anzukommen und das Gedankenkarussell im Kopf zu stoppen.

Man beginnt im Stehen, sucht und findet durch leichte Pendelbewegungen den eigenen Mittelpunkt und atmet, vielleicht zunächst mit geschlossenen Augen, in den Bauchraum. Sodann beginnt man sehr behutsam einen Fuß nach dem anderen auf den Boden zu setzen. Die Aufmerksamkeit richtet sich dabei auf jede einzelne Bewegung: auf das Heben des Fußes und ebenso auf das Absetzen desselben. Aufmerksam und langsam verlagern wir das Gewicht von einem Fuß auf den anderen. Jeder Schritt ist leicht. Wir berühren die Erde, als würden wir sie mit unserem Schritt küssen wollen. Jeder Schritt ist, als wäre er der erste, den wir tun, so vorsichtig nehmen wir die Beschaffenheit des Bodens unter unseren Füßen wahr. Dort, wohin wir getreten sind, hinterlassen wir eine Spur der Leichtigkeit und des Glücks.

Nach und nach koordinieren wir unseren Atem mit den Schritten. Linker Fuß – einatmen – rechter Fuß – ausatmen, usw. Hin und wieder bleiben wir stehen, atmen in die Bauchdecke und gehen wieder los. Unser Gehen hat kein Ziel, vielmehr gehen wir nur um des Gehens willen. Im Gehen selbst liegt der Sinn unseres Gehens.

Die Gehmeditation lässt sich auch mit (biblischen) Worten und Sätzen verbinden. Wir lernen einen Bibelvers auswendig und sprechen innerlich bei jedem Schritt ein Wort aus- und einatmend : Dein – *rechter Fuß/einatmend* – Wort – *linker Fuß/ausatmend* – ist – *rechter Fuß/einatmend* – meines – *linker Fuß/ausatmend* – Fußes – *rechter Fuß/einatmend* – Leuchte – *linker Fuß/ausatmend.*

Auch lassen sich einzelne Worte der Bibel oder eigene Fragen so erkunden: Ich wähle einen Bibelvers und erkunde neue Möglichkeiten gehend pro Schritt ein, indem ich dieses Wort versuchsweise durch andere ersetze. So könnte ich etwa „Leuchte“ durch Licht, Wegweisung, Hilfe etc. ersetzen. Ich kann gehend auch versuchen, das Bibelwort zu verkürzen, so dass es eine griffige Form bekommt. Bei all diesen Variationen kehre ich immer wieder zum ursprünglichen Wortlaut zurück, so wie ich immer wieder stehen bleibe, bevor ich neue Varianten erkunde.

Diese Methode kommt unserem Drang nach Bewegung entgegen und bietet einen guten Einstieg auch in die tägliche Meditation.

Wann und wo könnte ich die Gehmeditation ungestört ausprobieren? Wer könnte mitmachen? Mit welchen Sätzen könnte ich beginnen?

Die weiteren Meditationsformen, die nun vorgestellt werden, lassen sich leichter in geschützten Räumen, im stillen Kämmerlein, wo ich ungestört von anderen bin, vollziehen. So wie Jesus es seinen Jüngern empfiehlt: „*Wenn du aber betest, so gehe in dein Kämmerlein und schließ die Tür zu und bete zu deinem Vater im Verborgenen …*" (Mt 6,6).

2.4.1 ... lesen – lectio divina[117]

Das Lesen der heiligen Schriften war immer schon das Fundament jeglicher Spiritualität. Die „lectio divina", die göttliche Lesung, sieht vor, dass ein Buch der Bibel ausgewählt und dann über einen sehr langen Zeitraum vollständig, Abschnitt für Abschnitt, gelesen wird. Entgegen der Gewohnheit, innerhalb der Bibel von Lieblingsvers zu Lieblingsvers zu springen und herauszusuchen, was man ohnehin schon für richtig und gut hält, sieht die göttliche Lesung vor, ganz in die Welt und die Perspektive eines biblischen Buches einzutauchen. Wenn Gott durch die Worte der Bibel zu uns spricht, macht es Sinn, ihm auch ganz zuzuhören und nicht auszublenden, was wir nicht hören wollen. Der Respekt der Bibel gegenüber zeigt sich in dieser kontinuierlichen und langsamen Art des Lesens. Die Bibel wird nur dann zur Quelle unserer Verwandlung, wenn wir uns Zeit nehmen, ihr zuzuhören, und uns ihr regelmäßig zuwenden.

Jeden Tag wird ein kurzer Abschnitt aus dem fortlaufenden Buch gelesen, mehrmals laut gelesen, und dann wird ein Vers ausgewählt, der auswendig gelernt und längere Zeit meditiert wird, z. B. nach der im nächsten Abschnitt vorgestellten Methode des vierfachen Kranzes.

Wann könnte ich regelmäßig in der Bibel lesen? Wie viel Zeit hätte ich dafür? Mit welchem biblischen Buch fange ich an? Wer könnte mich dabei unterstützen?

2.4.2 ... meditieren

Ziel der Meditation ist das Erschließen eines Textes für mich. Wie wir bereits gesehen hatten, war es Martin Luther, der dafür eine einfache Methode entwickelt hatte, das vierfache Kränzchen. Nacheinander wird ein einzelner Bibelvers in vierfacher Hinsicht bedacht:

A: Ich verstehe ... – der Inhalt des Verses wird verdeutlicht. Worum geht es?
B: Ich danke dir ... – Dankbarkeit entwickeln. Wofür kann ich dankbar sein?
C: Ich bekenne ... – Erkenntnis eigener Unzulänglichkeiten. Was gelingt mir nicht?
D: Ich bitte dich ... – Aussprechen dessen, was ich begehre. Was erbitte ich von Gott?

Mit etwas Übung lässt sich dieses Meditationsschema auf alle biblischen Texte anwenden und bringt diese ins Herz und zum Sprechen. Aus einem zunächst fremden Text wird so ein persönliches Gebet, in dem ich mich vor Gott bringe.

An welchen Sätzen könnte ich diese Methode üben? Welchen Rahmen gebe ich meinem täglichen Meditieren?

2.4.3 Übergänge wahrnehmen ...

Die als Morgen- und Abendsegen bekannten Gebete Martin Luthers können ebenfalls hilfreich sein, das eigene Beten einzuleiten oder abzuschließen. Ich erkenne in beiden Formen minimalistische Elemente, weil Luther ganz bewusst an den Schwellen des Tages den bedachten Kreis eng hält. Beter oder Beterin nehmen sich selbst in den Blick, beschränken sich auf Dank und Bitte. Die Gedankenführung lässt das dankbare und vorauslaufende Behütetsein in den Vordergrund treten, ohne alles Geschehen und Erlebte einzeln zu bedenken und sich womöglich darin zu verlieren. Lediglich summarisch kommt das viele des Tages zur Sprache. Im Zentrum steht der, der sich in Gottes Gegenwart hüllt.

Morgensegen

Das walte Gott Vater, Sohn und Heiliger Geist! Amen.
Ich danke dir, mein himmlischer Vater, durch Jesum Christum, deinen lieben Sohn,
dass du mich diese Nacht vor allem Schaden und Gefahr behütet hast,
und ich bitte dich, du wollest mich diesen Tag auch behüten vor Sünden und allem Übel,
dass dir all mein Tun und Leben gefalle.
Denn ich befehle mich, meinen Leib und Seele und alles in deine Hände.
Dein heiliger Engel sei mit mir, dass der böse Feind keine Macht an mir finde.
Amen.

Abendsegen

Das walte Gott Vater, Sohn und Heiliger Geist! Amen.
Ich danke dir, mein himmlischer Vater, durch Jesum Christum, deinen lieben Sohn,
dass du mich diesen Tag gnädiglich behütet hast,
und bitte dich, du wollest mir vergeben all meine Sünde, wo ich Unrecht getan habe,

und mich diese Nacht auch gnädiglich behüten.
Denn ich befehle mich, meinen Leib und Seele und alles in deine Hände.
Dein heiliger Engel sei mit mir, dass der böse Feind keine Macht an mir finde.
Amen.

Mit entsprechenden Pausen gesprochen werden diese „Schwellengebete" zu einer Ermutigung, das Erlebte abzulegen und sich in Gottes Hand zu begeben bzw. den Tag beherzt und sorglos zu beginnen.

2.4.4 ... in der Stille sitzen

Die letzte und schwierigste Stufe ist die Kontemplation, die Versenkung in die Gegenwart Gottes. Schweigend und atmend versenkt sich der Meditierende in die Gegenwart Gottes. Das Umschalten in einen anderen Seinsmodus, vom Aktivsein zum Empfangen, ist nicht leicht, weil es unseren Gewohnheiten zuwiderläuft. Frère Roger schreibt dazu: *„... wir sehen, dass das Schweigen Wege zu unbekannten schöpferischen Möglichkeiten eröffnet: in der weiten Tiefenschicht der menschlichen Person, im Unterbewusstsein, betet Christus weit mehr, als wir es uns vorstellen können. Verglichen mit der Unermesslichkeit dieses verborgenen Betens Christi in uns, ist unser artikuliertes Gebet nur ein kleiner Teil. Das Wesentliche des Gebets vollzieht sich vor allem in einem großen Schweigen ...*"[118]

Erste Zugänge zur Kontemplation bestehen darin, Atemzüge zu zählen. Wir sammeln uns in einer angenehmen und doch spannungsvollen Sitzhaltung und beginnen, Einatmen und Ausatmen zu zählen; wobei wir unsere ganze Aufmerksamkeit auf den Atem richten. Bei zehn angekommen, beginnen wir von vorn. So lässt sich nach und nach Achtsamkeit für das Jetzt aufbauen, ohne dass Gedanken und Reflexionen stören. Sich selbst immer wieder behutsam ins Hier und Jetzt zurückzuholen ohne Selbstanklagen und Verurteilungen ist dabei von entscheidender Bedeutung, weil es eben um die bloße Wahrnehmung geht und nicht ums Urteilen.[119]

Insgesamt ist es zunächst einfach wichtig, zur Ruhe zu kommen und aufmerksam den Weg des eigenen Atems zu spüren.

Wann und wo könnte ich Kontemplation üben? Gibt es eine Gruppe, der ich mich anschließen könnte?

2.4.5 ... studieren

Neben der regelmäßigen Lektüre der Heiligen Schrift als Quelle der Spiritualität braucht es noch mehr. Um die anderen Bewohner des Albergo Diffuso besser zu verstehen, braucht es auch Kenntnisse über deren heilige Schriften und Traditionen. Für das Zusammenleben der Verschiedenen wird das Studieren der Grundlagentexte der anderen immer wichtiger werden. Einen Koran zur Hand zu nehmen und selber zu lesen kann die Grundlage für ein erstes oder weiteres Gespräch sein. Als Christen lesen wir die heiligen Texte der anderen als historische oder auch literarische Texte. Wir lassen uns in fremde Welten entführen und entdecken Ähnlichkeiten und Unterschiede zu unserer eigenen Tradition. Entscheidend ist es, einen Anfang zu machen. Bei einem eigenen Interesse zu beginnen und dann tiefer zu graben. Auch anregende Sachbücher können mit anderen gelesen und diskutiert werden.

Auch im Hinblick auf unsere eigenen spirituellen Traditionen und Grundtexte gilt dies. Auch hier nehmen das selbsterworbene Wissen und das eigenständige Erkunden immer mehr ab. Die Texte der Mystiker bieten sich an und auch viele andere grundlegende Bücher unserer Geschichte. Wer eine eigene Spiritualität aufbauen möchte, braucht Zeit und Geduld, Eigensinn und Ausdauer, denn es gibt viel zu entdecken.[120]

Welches religiöse oder geistliche Buch besitze ich bereits und wollte ich immer schon mal lesen? Gibt es in der Nähe die Möglichkeit, mit anderen zusammen „social reading" zu praktizieren? Wen könnte ich einladen, um über Bücher zu diskutieren und zu sprechen?

Insgesamt fragt sich: Wie und womit mache ich einen Anfang? Mit welcher Übung könnte ich einsteigen? Welche Form und welches Maß sind meine?

3. Vita activa – handelnd Welt gestalten

> *„Wenn schon fast ein Esel den Bibeltext singen kann, wie solltet ihr dann nicht die Lehre oder das Wort reden oder lehren? Aber, liebe Freunde, das Reich Gottes, das wir sind, besteht nicht in der Rede oder in Worten, sondern in der Tätigkeit, das heißt in der Tat, in den Werken, in den Übungen. Gott will nicht Zuhörer oder Nachredner haben, sondern Nachfolger oder Ausübende, und das im Glauben und durch die Liebe."*
> (Martin Luther in seiner Predigt zu Invokavit 1522)

3.1 Kleine Paradiese schaffen – „communities of practice"

Paris, Brüssel, Berlin, London – immer wieder sind es neue Orte, in denen sich die Handschrift des Terrors in Europa, von Syrien, Israel, Afghanistan und vielen afrikanischen Ländern ganz zu schweigen, mit blutigen Lettern einritzt. Ohnmächtig und fassungslos reagiert die Politik mit punktuellen Sicherheitsmaßnahmen, von denen alle wissen, dass sie letztlich keine umfassende Sicherheit garantieren können. Wie verschieden auch immer die Hintergründe der einzelnen Terrorakte sein mögen, am Ende sind es Einzelne, die Waffen und Bomben in die Hand nehmen oder Lastwagen und Autos in Menschenmengen steuern. Und genau an diesem Punkt ist anzusetzen: beim Einzelnen. Die Bibel erzählt symbolisch im dritten Kapitel der Genesis von der Vertreibung aus dem Paradies, vor dessen Tor ein Engel mit flammendem Schwert steht. Es gibt also keine Rückkehr in dieses Paradies. Was es aber wohl gibt, sind die kleinen Paradiese des Alltags. Jene Orte, an denen wir auf Zeit innerlich zur Ruhe kommen und uns gut aufgehoben fühlen können, weil es andere gibt, die uns zuhören und uns wahrnehmen. Gegen das Gefühl, wertlos und unnütz, ungehört und ungewollt zu sein, helfen nur diese kleinen Paradiese, in denen dieses Gefühl mit andersartiger Erfahrung korrigiert, vielleicht sogar aufgehoben wird. Wie viel Gewalt geschieht, weil das Bedürfnis, gehört und wahrgenommen zu werden, nicht erfüllt wurde?! Wie viel Gewalt an Schulen hätte verhindert werden können, wenn Lehrerinnen und Lehrer rechtzeitig das Bedürfnis einzelner Schüler, wahrgenommen zu werden, gesehen hätten?! In den letzten Jahren ist mir immer mehr klargeworden, wie grundlegend empathische oder gewaltfreie Kommunikation ist und wie notwendig es ist, diese zu erlernen.

Wir hatten weiter oben das Albergo Diffuso als einen solchen Ort beschrieben, an dem Menschen auf Zeit ankommen können und mit ihrer Geschichte gehört werden. Für diese grundlegende Aufgabe braucht es freilich mehr als Einzelne, es braucht Gruppen, besser noch: Es braucht „communities of practice". Communities of practice sind Gruppen, die sich in offenen Lernprozessen klar definierten Aufgaben stellen. Ich glaube, dass unsere Kirchengemeinden und auch viele andere Gruppen neu lernen müssen, solche communities of practice zu werden. Sich gemeinsam ein Handlungsfeld zu suchen, sich für dieses vorbereiten und gegebenenfalls ausbilden zu lassen (gewaltfreie Kommunikation/Anti-Stress-Training/Naturpädagogik/Konfliktmanagement/Hospizbegleitung etc.) und dann in offenen Lernprozessen tastend neue Erfahrungen zu machen. Wo der Einzelne sich ohnmächtig fühlt, können in solchen Gemeinschaften starke Erfahrungen der Selbstwirksamkeit gemacht werden, die positiv auf andere zurückwirken. Wer sich in seinem Umfeld umschaut, wird schnell auf solche Handlungsfelder aufmerksam werden. Entscheidend ist, Mitstreiter und Mitstreiterinnen dafür zu suchen.[121]

Wie wenig braucht es für ein offenes Gastmahl? Wie klein kann der Anfang für ein Albergo Diffuso sein? Wo in meiner Region gäbe es Bedarf für mein Engagement? Wo finde ich Mitstreiter? Wie viel Zeit hätte ich für mein Engagement in der Woche? Was müsste ich noch lernen, um sinnvoll helfen zu können?

3.2 Reparieren, flicken und selbst bauen – Dinge mit Geschichte[122]

Wie wir bei der Beschreibung der reduktiven Moderne gesehen haben, wird es in Zukunft immer mehr darauf ankommen, den persönlichen Ressourcenverbrauch drastisch zu senken. Dies führt dazu, dass wir weniger kaufen und weniger schnell wegwerfen. Im Gegenzug schenken wir den Dingen, mit denen wir täglich umgehen, mehr Aufmerksamkeit, weil sie länger halten sollen und im Falle des Kaputtgehens repariert werden. Die Dinge, mit denen wir umgehen, werden zu Dingen mit einer Geschichte. Die Dinge, die wir benutzen, begleiten uns länger und können auch etwas über uns und unsere Versuche, sie zu reparieren, erzählen. Der Einzelne erlernt die Geduld des Flickens und Klebens, des Schraubens, Zusammennähens und Selberbauens. Und für das, was wir nicht selbst reparieren können, suchen wir jemanden, der es kann. Insgesamt besitzen wir nur das, was wir oft und wirklich brauchen. Das Übrige leihen oder tauschen wir mit anderen aus. Die Freude, selbst etwas herstellen und reparieren zu können, übersteigt die Faszination des Neuen, die ohnehin schnell verfliegt. So werden die Dinge, die wir benutzen, nicht nur ein Teil unserer persönlichen Geschichte. Die Dinge, die wir erwerben, bekommen auch eine Geschichte, weil wir uns darüber informieren, woher sie kommen, wer sie hergestellt, wie und unter welchen Bedingungen sie gefertigt wurden.

Weniger zu haben bedeutet auch, weniger Platz zu brauchen und weniger pflegen zu müssen – und damit mehr Zeit für anderes zu haben. Niemand hat es nötig, sich über das zu definieren, was er besitzt.

Leihen, tauschen, verschenken, gemeinsam nutzen und weitergeben führen zu einem neuen Umgang mit den Dingen, die mehr sind als bloße Gebrauchsobjekte. Werkstätten, Repair-Häuser und Handwerkskurse werden zu neuen sozialen Kommunikationsorten.

Von welchen Dingen trenne ich mich, weil ich sie nicht mehr brauche und sie mich nur belasten? Wer könnte sie noch gebrauchen? Wo fange ich an? In der Garage? Im Keller? Welche Fertigkeiten im Reparieren oder Selbermachen möchte ich erlernen oder weitergeben? Wo könnte ich das? Wie viel brauche ich eigentlich wirklich zum Leben? An Geld? An Arbeit? An Raum?

Schluss

Meine Skizze minimalistischer Spiritualität kann und darf nicht enden, ohne nochmals daran zu erinnern, dass alle meine Ausführungen, Erklärungen, Hinweise und Anregungen nur einem einzigen Ziel dienen: Mut zu machen, eigenständig und gemeinschaftlich nach Möglichkeiten zu suchen, mit Phantasie und Geduld eine tragfähige Praxis eingeübten Glaubens und ausgeübter Liebe zu gestalten. Minimalistische Spiritualität versteht sich als eine Praxis für eine andere, für eine reduktive Moderne, die sich den zerstörerischen Dynamiken der Gegenwart entgegenstellt. Im global village, das unsere Erde längst geworden ist und für die ich diese minimalistische Spiritualität geschrieben habe, sollen die vielen Unterschiedlichen einander mit Respekt begegnen und rücksichtsvoll mit sich selbst und den natürlichen Grundlagen unserer Existenz umgehen lernen. Dabei lebt minimalistische Spiritualität vor allem von der Freude und der Freiheit tastenden Suchens und dem konkreten Engagement für das Zusammenleben im Albergo Diffuso. Getragen wird sie dabei durch die Sehnsucht nach Transformation durch das Transzendente, durch die Hoffnung auf Verwandlung, durch die Freude am Leben mit leichtem Gepäck …

„Alles,
was einst aufgeschrieben wurde,
wurde verfasst,
damit wir daraus lernen

und durch die Heiligen Schriften
in unserer Widerstandskraft bestärkt und ermutigt
Hoffnung haben.
Gott,
die Quelle der Kraft standzuhalten und der Ermutigung,
schenke euch,
dass ihr euer Leben nach den Maßstäben des Messias Jesus gestaltet
und gemeinsam aus einem Munde Gott loben könnt,
dem Ursprung dessen,
dem wir gehören,
Jesus der Messias"
(Röm 15,4–6; Bibel in gerechter Sprache).

Anmerkungen

1 David E. Pollock u. a. Third Culture Kids. Aufwachsen in mehreren Kulturen, 221
2 So der Künstler Frank Stella. Zitiert in: Daniel Marzona, Minimal Art, 30.
3 A. a. O., 54
4 Maren Keller, Was man liebt, in: Weniger ist mehr, 6.
5 Erich Fromm, Haben oder Sein. Die seelischen Grundlagen einer neuen Gesellschaft, 68.
6 www.overshootday.org
7 Zu den einzelnen Regionen und den gesamten Zahlen vgl. den Welthunger-Index 2016. Zugänglich unter www.welthungerhilfe.de
8 Hartmut Rosa, Beschleunigung und Entfremdung. Entwurf einer Kritischen Theorie spätmoderner Zeitlichkeit.
9 A. a. O., 141.143.
10 Harald Welzer, Selbst denken. Eine Anleitung zum Widerstand, 58.
11 Friedrich Wilhelm Graf, Götter global. Wie die Welt zum Supermarkt der Religionen wird, 94 ff.
12 M. Kroeger, Im religiösen Umbruch der Welt: Der fällige Ruck in den Köpfen der Kirche, 188.
13 Die mit Abstand inspirierendste Darstellung des Wüstenmönchtums habe ich gefunden bei Peter Sloterdijk, Weltfremdheit, 80–117. Vgl. für das Folgende auch: Günther Schulz/Jürgen Ziemer, Mit Wüstenvätern und Wüstenmüttern im Gespräch. Zugänge zur Welt des frühen Mönchtums in Ägypten.
14 B. Miller, Weisung der Väter. Apophthegmata Patrum, auch Gerontikon oder Alphabeticum genannt, 15. Ich folge der Durchnummerierung aller Texte bei Miller, um das Auffinden zu erleichtern.
15 A. a. O., 25.
16 Schulz/Ziemer, Mit Wüsternvätern und Wüstenmüttern im Gespräch, 48.
17 B. Miller, Weisung der Väter, 180.
18 So in Psalm 1,2: *„Wohl dem …, der Lust hat am Gesetz des Herrn und meditiert sein Gesetz Tag und Nacht"*, und in Josua 1,8: *„Und lass das Buch des Gesetzes nicht von deinem Munde kommen, sondern meditiere es Tag und Nacht, dass du hältst und tust in allen Dingen nach dem, was darin geschrieben steht"*.
19 *„Einmal kamen einige zum Abbas Lukios in Enaton, Mönche, die man Euchiten (Beter) nannte. Der Greis fragte sie: ‚Worin besteht euer Hand-*

werk?' Sie antworteten: ,Wir rühren mit keinem Finger an ein Handwerk, sondern wie der Apostel sagt, wir beten unaufhörlich' (1 Thess 5, 17). Darauf sprach der Alte zu ihnen: ,Esst ihr nicht?' Sie antworteten: ,Doch.' Er sagte zu ihnen: ,Wenn ihr also esst, wer betet inzwischen für euch?' ... Darauf wussten sie keine Antwort zu geben. Er sprach zu ihnen: ,Verzeiht mir, aber ihr tut nicht, was ihr sagt. Ich will euch aber zeigen, dass ich trotz Verrichtung meiner Handarbeit unablässig bete. Ich setze mich mit Gott nieder, weiche meine kleinen Palmfasern ein und ich flechte sie zu einem Seil. Dabei sage ich: Erbarme dich meiner, o Gott, in deinem großen Erbarmen, und nach der Menge deiner Erbarmungen wasche ab meine Ungerechtigkeiten (Psalm 50,3) ... Wenn ich den ganzen Tag mit Arbeiten und Beten verbringe, dann verdiene ich sechs Münzen, mehr oder weniger. Zwei davon gebe ich an die Tür (als Almosen), und von den übrigen bestreite ich das Essen. Und es betet für mich, der die zwei Münzen bekommen hat, während ich esse oder schlafe. Und durch die Gnade Gottes wird so von mir das unablässige Beten erfüllt' (Lk 18,1; Kol 4,2) (Abbas Lukios 446).
Auch in einem anderen Väterspruch begegnet uns dieselbe Vorstellung: *„... Der wahre Mönch hat unaufhörlich Gebet und Psalmengesang im Herzen"*, B. Miller, Weisung der Väter, 83 (Epiphanios 198).

20 A.a.O., 16

21 A.a.O., 104.

22 Evagrios Pontikos, Über die Acht Gedanken, eingeleitet und übersetzt von Gabriel Bunge, Weisung der Väter Bd. 3, 62.

23 Bonifaz Miller, Weisung der Väter, 27.

24 *„Der heilige Antonius, der eigentliche Vater der Mönche und der Anfänger des mönchischen Lebens, urteilte und lehrte gar weise und christlich, man solle durchaus nichts unternehmen, das keinen Schriftgrund habe. Und er selbst hat ... frei in der Wüste gewohnt und in freier Weise ehelos gelebt, nach der Form des Evangeliums"*, Martin Luther, Urteil über die Mönchsgelübde, in: Martin Luther für das christliche Haus, Ergänzungsband I, 217.

25 So Martin Luther in der Vorrede zum Großen Katechismus. Martin Luther, Der Große Katechismus, in: Bekenntnisschriften der Evangelisch-Lutherischen Kirche, 548.

26 Martin Luther, Von der Freiheit eines Christenmenschen, in: Martin Luther, Ausgewählte Schriften, Bd. 1, 239.

27 *„Darum soll das billig aller Christen einziges Werk und einzige Übung sein, daß sie das Wort und Christus wohl in sich bilden, um solchen Glauben stetig zu üben und zu stärken. Denn kein anderes Werk kann einen Christen machen"*, a.a.O., 242.

28 *„Obwohl der Mensch inwendig nach der Seele durch den Glauben genügend gerechtfertigt ist und alles hat, was er haben soll, wobei dieser Glaube und das Genügen bis in jenes Leben immer mehr zunehmen, so bleib er doch noch in diesem leiblichen Leben auf Erden und muß seinen eigenen Leib regieren und*

mit Leuten umgehen. Da heben nun die Werke an; hier kann er nicht müßig gehen; da muß führwahr der Leib mit Fasten, Wachen, Arbeiten und mit aller mäßigen Zucht getrieben und geübt werden, damit er dem innerlichen Menschen und dem Glauben gehorsam und gleichförmig werde, ihn nicht hindere noch ihm widerstrebe, wie seine Art ist, wenn er nicht gezwungen wird", a. a. O., 252.

29 *„Daraus kann dann jeder die Weise und das Maß entnehmen, den Leib zu kasteien; denn er fastet, wacht, arbeitet soviel er sieht, dass es dem Leib not ist, um seinen Mutwillen zu dämpfen"*, a. a. O., 253.
Auch in spiritueller Hinsicht ist jeder Christ also autonom: „... *so dass sie (die Christen) durch den Glauben auch alle Könige und Priester mit Christus sein müssen ... Und das geht so zu, dass ein Christenmensch durch den Glauben so hoch über alle Dinge erhoben wird, dass er geistlich ein Herr aller Dinge wird"*, a. a. O., 248.

30 Martin Luther, Von den guten Werken, in: ders., Ausgewählte Schriften, Bd. 1, 49.

31 *„Ja, diese Zuversicht und der Glaube muss so hoch und stark sein, dass der Mensch weiß, dass all sein Leben und Wirken nichts als verdammenswerte Sünde sei vor Gottes Gericht, wie geschrieben steht Ps. 143,2: ‚Es wird vor dir kein lebendiger Mensch gerechtfertigt erfunden.' Und so muss er an seinen Werken verzweifeln, weil sie nicht anders gut sein können als durch diesen Glauben, der kein Gericht, sondern laute Gnade, Gunst, Huld und Barmherzigkeit von Gott erwartet ..."*, a. a. O., 59.

32 A. a. O. 135.136f.

33 A. a. O. 107f.

34 *„Erstlich, wenn ich fühle, dass ich durch fremde Geschäfte oder Gedanken kalt und ohne Lust zu beten geworden bin, wie denn das Fleisch und der Teufel stets das Gebet abwehren und hindern, nehme ich mein Psälterlein, laufe in die Kammer, oder wenn's der Tag und die Zeit ist, in die Kirche zu den Leuten und fange an, die zehn Gebote, das Glaubensbekenntnis und je nachdem wie ich Zeit habe, etliche Sprüche Christi, des Paulus oder der Psalmen mündlich für mich selbst zu sprechen, ganz und gar wie die Kinder tun ... Wenn nun das Herz durch solch mündliches Sprechen erwärmt und zu sich selbst gekommen ist, so knie nieder oder stehe mit gefalteten Händen, die Augen gegen den Himmel und sprich oder denke so kurz du kannst: Ach, himmlischer Vater, du lieber Gott, ich bin ein unwürdiger, armer Sünder, nicht wert, dass ich meine Augen oder Hände zu dir erhebe oder bete. Aber weil du uns allen geboten hast zu beten, und dazu auch Erhörung verheißen und uns überdies selbst beides, Wort und Weise, durch deinen lieben Sohn, unseren Herrn Jesus Christus gelehrt hast, so komme ich auf dieses dein Gebot hin, dir gehorsam zu sein, und verlasse mich auf deine gnädige Verheißung; und im Namen meines Herrn Jesus Christus bete ich mit allen deinen heiligen Christen auf Erden, wie er mich gelehrt hat: ‚Vater unser, der du bist' usw., ganz aus, von Wort zu Wort"*, Martin Luther, Eine einfältige

Weise zu beten für einen guten Freund, in: ders., Ausgewählte Schriften Bd. 2, 269f.

35 Martin Luther, Der kleine Katechismus, in: Die Bekenntnisschriften der Evangelisch-Lutherischen Kirche, 501f.

36 *„Aber bei dem jungen Volk bleib auf einer gewissen ewigen Form und Weise und lehre für sie allererst diese Stück, nämlich die zehn Gebot, Glauben, Vater Unser etc., nach dem Text hin von Wort zu Wort, dass sie es auch so nachschlagen können und auswendig lernen"*, a.a.O., 503.

37 A.a.O., 504.

38 Ebd.

39 Martin Luther, Eine einfältige Weise zu beten, für einen guten Freund, in: ders., Ausgewählte Schriften, Bd. II, 269.

40 A.a.O., 277

41 *„Dazu hilfts über die Maßen gewaltiglich wider den Teufel, Welt, Fleisch und alle bösen Gedanken, so man mit Gottes Wort umgehet, davon redet und nachdenkt, dass auch der erste Psalm selig preist die, so ‚Tag und Nacht vom Gesetze Gottes handeln'*, Martin Luther, Der Große Katechismus, in: Bekenntnisschriften der Evangelisch-Lutherischen Kirche, 549.

42 Dietrich Bonhoeffer: Widerstand und Ergebung, Briefe und Aufzeichnungen aus der Haft, 113.

43 Frère Roger, Kampf und Kontemplation. Auf der Suche nach Gemeinschaft mit allen, 9.

44 A.a.O., 64.

45 A.a.O. 115.

46 Herta Müller, Jedes Wort weiß etwas vom Teufelskreis, zitiert: Frankfurter Rundschau vom 9.12.2009. Alle weiteren Zitate aus der Nobelpreisreide zitiere ich aus der genannten Quelle.

47 Wilhelm Schmid, Philosophie der Lebenskunst. Eine Grundlegung, 111.

48 Hartmut Rosa, Resonanz. Eine Soziologie der Weltbeziehung, 624.

49 Karl Heinrich Bette, X-treme, Zur Soziologie des Abenteur- und Risikosports, 122.

50 A.a.O., 52.

51 A.a.O., 69.

52 A.a.O., 53.

53 A.a.O., 67.

54 A.a.O., 80.

55 A.a.O., 125.

56 Rudolf Otto, Das Heilige, Über das Irrationale in der Idee des Göttlichen und sein Verhältnis zum Rationalen, 24.

57 Hartmut Rosa, Resonanz, Eine Soziologie der Weltbeziehung, 293.

58 A.a.O., 13.

59 A.a.O., 19.

60 A.a.O., 20.

61 A. a. O., 293.
62 A. a. O., 211 f.
63 A. a. O., 296.
64 A. a. O., 53.
65 A. a. O., 278.
66 Charles Taylor, Quellen des Selbst, Die Entstehung der neuzeitlichen Identität, 17.
67 Hartmut Rosa, Resonanz. Eine Soziologie der Weltbeziehung, 629 f.
68 Guy G. Stroumsa, Das Ende des Opferkults. Die religiösen Mutationen der Spätantike, 25.
69 A. a. O., 26.
70 A. a. O., 44.
71 A. a. O., 47.
72 A. a. O., 38.
73 A. a. O., 101 f.
74 Pierre Hadot, Philosophie als Lebensform. Antike und moderne Exerzitien der Weisheit, 10.
75 A. a. O., 75.
76 Paul Rabow, Seelenführung. Methodik der Exerzitien in der Antike, 263.
77 A. a. O., 264 f.
78 Peter Sloterdijk, Du mußt dein Leben ändern. Über Anthropotechnik, 12.
79 A. a. O., 20 f.
80 A. a. O., 24.
81 A. a. O., 25.
82 A. a. O., 701 f.
83 A. a. O., 47.
84 Dietmar Hansch, Sprung ins Wir. Die Neuerfindung von Gesellschaft aus systemischer Sicht, 204 f.
85 Auch hier begegnen wir also wieder der zentralen Rolle, die die Übung spielt. Das klinische Anti-Stress-Programm MBSR etwa arbeitet in dieser Weise, indem durch Meditations- und Körperwahrnehmungsübungen in einem Acht-Wochen-Kurs eine neue Grundhaltung eingeübt wird. Vgl. dazu: Jon Kabat-Zinn, Gesund durch Meditation. Das vollständige Grundlagenwerk zu MBSR.
86 Peter Sloterdijk, Gottes Eifer. Vom Kampf der drei Monotheismen, 195.
87 Vgl. Bertram Schmitz, Von der einen Religion des Alten Israel zu den drei Religionen Judentum, Christentum und Islam.
88 *„Der frühe Koran ist auf weite Strecken Psalmenparaphrase, er ist Teil der spätantiken Psalmenfrömmigkeit, die wir nur eben … in arabischer Sprache zum ersten Mal im Koran vorfinden. Er ist, zumal angesichts seiner – zunächst nur eingeschränkt öffentlichen – Präsenz, noch wenig an einer Selbstdefinition interessiert, selbst das Wort qur'an meint zu Anfang eher*

den Prozess der Rezitation als den Text selbst. Erst mit dem Wachsen der Gemeinde und der Notwendigkeit der Selbstbehauptung wächst die Dringlichkeit der Selbstautorisierung, die, wie nicht anders zu erwarten, zum einen durch Selbstabgrenzung gegen die altarabischen Vorgänger, insbesondere die Dichter, und zum anderen gegen die vorausgehenden, in Gestalt von Schriftrollen oder Kodizes vorliegenden heiligen Schriften der beiden älteren Religionen erfolgen musste.
Diesen Schriften gegenüber stellt sich der Koran zunächst als eine nur in andere sprachliche Form gehüllte Neugestaltung dar, eine Nachfolgebotschaft, die zudem die früheren Schriften bestätigt", Angelika Neuwirth, Der Koran als Text der Spätantike. Ein europäischer Zugang, 132f.

89 *„Das Symbol ‚persönlicher Gott' ist unbedingt fundamental, weil eine existenzielle Beziehung eine Beziehung von Person zu Person ist. Den Menschen kann nichts unbedingt angehen, was nicht personhaft ist"*, Paul Tillich, Systematische Theologie I, 283.

90 *„Blicken wir zurück auf die Religionsgeschichte Israels von den Anfängen im 12. bis 10. Jahrhundert bis zur Konsolidierung der Jahwegemeinde in der Perserzeit und versuchen die wechselnden Theologien zu verstehen, dann muß der Eindruck aufkommen, dass Jahwe (einmal abgesehen von den anderen im Alten Testament bekannten Gottheiten) sich grundlegend gewandelt hat, besser: daß die Gottesvorstellungen der einzelnen Epochen und Gruppierungen in hohem Maße synkretistisch zusammengeflossen oder auch synkretistisch auseinander getrieben worden sind … Es gibt keine Eigenschaft, die Jahwe nicht von den bekannten Umweltreligionen zugeflossen wäre. Besser, unter Beachtung unseres Grundsatzes, nicht deduktiv von Gottes Seite her argumentieren zu wollen: Es gibt nur immer neu die Gelegenheiten der jeweiligen Zeit, der jeweiligen Gesellschaft, des jeweiligen Kulturraumes, Gott anzureden und von Gott zu reden, mit den gedanklichen und sprachlichen Mitteln und Mustern, die aus der Situation und der Umwelt heraus verfügbar sind"*, Erhard S. Gerstenberger, Theologien im Alten Testament. Pluralität und Synkretismus alttestamentlichen Gottesblaubens, 219f.

91 Perry Schmidt-Leukel, Gott ohne Grenzen. Eine christliche und pluralistische Theologie der Religionen, 254f.

92 A.a.O., 258.

93 A.a.O., 260.

94 A.a.O., 280.

95 Zitiert aus: Alfred Läpple. Martin Luther. Leben. Bilder. Dokumente, 265.

96 J. Hendriks, Gemeinde als Herberge, Kirche im 21. Jahrhundert. Eine konkrete Utopie, 59.

97 Dietrich Ritschl, Zur Logik der Theologie. Kurze Darstellung der Zusammenhänge theologischer Grundgedanken, 45.

98 *„Und was ist das Werkzeug, das uns in die Hand gegeben ist und mit dem wir diese Aufgabe erfüllen sollen? Es ist einerseits die Eucharistie, das Bündnis der Aktiven, der Tätigen, die Geld und Freizeit hergeben für die Nachfolge Christi. Und es ist andererseits das offene Mahl, zu dem wir Menschen in unsere Kirche einladen. Es sind die beiden Formen der Gemeinschaft, die wir hüten und schützen, damit von uns etwas ausgeht von unserem christlichen Glauben. Die eine, die uns verpflichtet zu einem Tun nach den Maßstäben Jesu, die Eucharistie, und die andere, die uns ermutigt zu einem freilassenden Gespräch mit all den fremden Überzeugungen, mit denen wir den Zustand unserer Welt zu bedenken haben, das offene Gastmahl"*, J. Zink, Das offene Gastmahl, 160.

99 Meister Eckehart, Deutsche Predigten und Traktate, 78.

100 Zitiert aus: Friedrich Ege: Junge Lyrik Finnlands. Stierstadt: Eremiten-Presse 1958.

101 Fulbert Steffensky, in: Augenblick mal, 7 Wochen-Ohne–Sofort, 2. März 2017.

102 Wilhelm Schmid, Lebenskunst. Eine Grundlegung, 115.

103 Evagrios Pontikos, Über die acht Gedanken, XIV, 18.

104 Wilhelm Schmid, Lebenskunst, 53.

105 Harald Welzer, Selbst denken. Eine Anleitung zum Widerstand, 24.

106 A.a.O., 18.

107 A.a.O., 131f.

108 A.a.O., 246f.

109 A.a.O., 139.

110 Jon Kabat-Zinn, Gesund durch Meditation. Das vollständige Grundlagenwerk zu MBSR, 96.

111 A.a.O., 437.

112 A.a.O., 85.

113 A.a.O., 29.

114 Jon Young/Ellen Haas/Evan McGrown, Grundlagen der Wildnispädagogik mit dem Coyote-Guide zu einer tieferen Verbindung mit der Natur, Band 1 – Handbuch für Mentoren, 43.

115 A.a.O., 44.

116 David G. Haskell, Das verborgene Leben des Waldes. Ein Jahr Naturbeobachtung, 10f.

117 Michael Casey, selbst Trappist, hat über die Praxis der lectio divina ein sehr inspirierendes Buch geschrieben, das meiner eigenen Praxis viele neue Impulse gegeben hat: Michael Casey, Lectio divina. Die Kunst der geistlichen Lesung.

118 Frère Roger, Kampf und Kontemplation, 114.

119 Mir selbst hat besonders geholfen: Franz Jalics, Kontemplative Exerzitien. Eine Einführung in die kontemplative Lebenshaltung und in das Jesusgebet finden. Hilfreich auch: Karin Johne, Geistlicher

Übungsweg für den Alltag. Ein Kursangebot; zum Thema Atmen: Katsuki Sekida, Zen-Training. Praxis, Methoden, Hintergründe.

120 Zum Einstieg eignet sich sehr schön: Hubertus Halbfas, Der Sprung in den Brunnen. Eine Gebetsschule.

121 Vgl. H. Welzer, Selbst denken, 185 ff. Marshall B. Rosenberg, Gewaltfreie Kommunikation, Paderborn [12]2016.

122 Vgl. Frank Trentmann, Herrschaft der Dinge. Die Geschichte des Konsums vom 15. Jahrhundert bis heute. München 2017. Bernd Sommer/Harald Welzer, Transformationsdesign. Wege in eine zukunftsfähige Moderne, München 2017.

Literatur

Berzano, Luigi, Spiritualità senza Dio?, Sesto San Giovanni 2014

Bette, Karl-Heinrich, X-treme, Zur Soziologie des Abenteuer- und Risikosports, Bielefeld 2004

Bonhoeffer, Dietrich, Widerstand und Ergebung. Briefe und Aufzeichnungen aus der Haft, hg. von Eberhard Bethge, München 12. Auflage 1983

Botton, Alain, Religion für Atheisten. Vom Nutzen der Religion, Frankfurt a.M. 2013

Casey, Michael, Lectio divina. Die Kunst der geistlichen Lesung, St. Ottilien 2. Auflage 2010

Comte-Sponville, André, Woran glaubt ein Atheist? Spiritualität ohne Gott, Zürich 2009

Meister Eckehart, Deutsche Predigten und Traktate, hg. und übersetzt von Josef Quint, Zürich 1969

Papst Franziskus, Laudato sì. Die Umwelt-Enzyklika des Papstes, München 2015

Fromm, Erich, Haben oder Sein. Die seelischen Grundlager einer neuen Gesellschaft, München 3. Auflage 1980

Gerstenberger, Erhard S., Theologien im Alten Testament. Pluralität und Synkretismus alttestamentlichen Gottesglaubens, Stuttgart 2001

Graf, Friedrich Wilhelm, Götter global. Wie die Welt zum Supermarkt der Religionen wird, München 2014

Guilaumont, Antoine, An den Wurzeln des christlichen Mönchtums. Aufsätze, Beuron 2007

Hadot, Pierre, Philosophie als Lebensform. Antike und moderne Exerzitien der Weisheit, Frankfurt a.M. 3. Auflage 2011

Hansch, Dietmar, Sprung ins Wir. Die Neuerfindung von Gesellschaft aus systemischer Sicht, Göttingen 2010.

Harms, Silke, Glauben üben. Grundlinien einer evangelischen Theologie der geistlichen Übung und ihre praktische Entfaltung am Beispiel der „Exerzitien im Alltag", Göttingen 2011

Haskell, David G., Das verborgene Leben des Waldes. Ein Jahr Naturbeobachtung, München 2015

Hendriks, Jan, Gemeinde als Herberge. Kirche im 21. Jahrhundert – eine konkrete Utopie, Gütersloh 2001

Jalics, Franz, Kontemplative Exerzitien. Eine Einführung in die kontemplative Lebenshaltung und in das Jesusgebet, Würzburg 16. Auflage 2016

Kabat-Zinn, Jon, Gesund durch Meditation. Das vollständige Grundlagenwerk zu MBSR, München 2013

Kampen, Dieter, Introduzione alla Spiritualità luterana, Torino 2013

Keller, Maren, Was man liebt, in: Weniger ist mehr. Wege aus Überfluss und Überforderung, Spiegel E-Book Wissen, Hamburg 2015

Kroeger, Matthias, Im religiösen Umbruch der Welt: Der fällige Ruck in den Köpfen der Kirche. Über Grundriss und Bausteine des religiösen Wandels im Herzen der Kirche, Stuttgart 2. Auflage 2005

Küstenmacher, Marion / Küstenmacher, Tiki Werner / Haberer, Tilmann, Gott 9.0. Wohin unsere Gesellschaft spirituell wachsen wird, Gütersloh 4. Auflage 2012

Läpple, Alfred, Martin Luther. Leben. Bilder. Dokumente, München 1982

Luther, Martin, Eine einfältige Weise zu beten, für einen guten Freund, in: ders., Ausgewählte Schriften, Bd. 2, hg. von Karin Bornkamm, Gerhard Ebeling u.a., Frankfurt a.M. 2. Auflage 1983

Luther, Martin, Der kleine Katechismus, in: Bekenntnisschriften der Lutherischen Kirche, Göttingen 9. Auflage 1982

Luther, Martin, Von der Freiheit eines Christenmenschen, in: ders., Ausgewählte Schriften, Bd. I, hg. von Karin Bornkamm, Gerhard Ebeling u.a., Frankfurt a.M. 2. Auflage 1983

Luther, Martin: Von den guten Werken, in: ebd.

Luther, Martin, Urteil über die Mönchsgelübde, in: Martin Luther für das christliche Haus, Ergänzungsband I, hrsg. von Otto Scheel, Leipzig o.J.

Marzona, Daniel, Minimal Art, Köln 2009

Müller, Herta, Jedes Wort weiß etwas vom Teufelskreis, zitiert nach: Frankfurter Rundschau vom 9.12.2009

Neuwirth, Angelika, Der Koran als Text der Spätantike. Ein europäischer Zugang, Berlin 2010

Nicol, Martin, Meditation bei Luther, Göttingen 2. Auflage 1991

Otto, Rudolf, Das Heilige, Über das Irrationale in der Idee des Göttlichen und sein Verhältnis zum Rationalen, München 1963

Pollock, David E./von Reken, Ruth/Pflüger, Gerhard, Third Culture Kids. Aufwachsen in mehreren Kulturen, Marburg 2003

Pontikos, Evagrios, Über die Acht Gedanken, eingeleitet und übersetzt von Gabriel Bunge, Weisung der Väter Bd. 3, Beuron 2. Auflage 2011

Rabbow, Paul, Seelenführung. Methodik der Exerzitien in der Antike, München 1954

Ritschl, Dietrich, Zur Logik der Theologie. Kurze Darstellung der Zusammenhänge theologischer Grundgedanken, München 2. Auflage 1988

Frère Roger, Kampf und Kontemplation. Auf der Suche nach Gemeinschaft mit allen, Freiburg 6. Auflage 1983

Rosa, Hartmut, Beschleunigung und Entfremdung. Entwurf einer Kritischen Theorie spätmoderner Zeitlichkeit, Berlin 2013

Rosa, Hartmut, Resonanz. Eine Soziologie der Weltbeziehung, Frankfurt a. M. 2016

Rosenberg, Marshall B., Gewaltfreie Kommunikation. Eine Sprache des Lebens, 12. Auflage Paderborn 2016

Schmid, Wilhelm, Philosophie der Lebenskunst. Eine Grundlegung, Frankfurt a. M. 5. korr. Auflage 1999

Schmidt-Leukel, Perry, Gott ohne Grenzen. Eine christliche und pluralistische Theologie der Religionen, Gütersloh 2005

Schmitz, Bertram, Von der einen Religion des Alten Israel zu den drei Religionen Judentum, Christentum und Islam, Stuttgart 2009

Schulz, Günter/Ziemer, Jürgen, Mit Wüstenvätern und Wüstenmüttern im Gespräch. Zugänge zur Welt des frühen Mönchtums in Ägypten, Göttingen 2010

Sloterdijk, Peter, Du musst dein Leben ändern. Über Anthropotechnik, Frankfurt a. M. 2009

Sloterdijk, Peter, Gottes Eifer. Vom Kampf der drei Monotheismen, Frankfurt a. M. 2007

Sloterdijk, Peter, Weltfremdheit, Frankfurt a. M. 1993

Sommer, Bernd/Welzer, Harald, Transformationsdesign. Wege in eine zukunftsfähige Moderne, München 2017

Steffensky, Fulbert, in: Augenblick mal, 7 Wochen-Ohne-Sofort, 2. März 2017

Stolt, Birgit, Zum Katechismusgebet in Luthers „Betbüchlein (1522): Pensumaufsagen oder „Gespräch des Herzens mit Gott?“, in: Veröffentlichungen der Luther-Akademie e.V. Ratzeburg, Bd. 33, hg. von Friedrich-Otto Scharbau, Erlangen 2002

Stroumsa, Guy G., Das Ende des Opferkults. Die religiösen Mutationen der Spätantike, Berlin 2011

Taylor, Charles, Quellen des Selbst. Die Entstehung der neuzeitlichen Identität, Frankfurt a. M. 9. Auflage 2016

Tillich, Paul, Systematische Theologie I/II, Berlin 1987

Trentmann, Frank, Die Herrschaft der Dinge. Die Geschichte des Konsums vom 15. Jahrhundert bis heute, München 2017

Welzer, Harald, Selbst denken. Eine Anleitung zum Widerstand, Frankfurt a. M. 2014

Young, Jon/Haas, Ellen/McGrown, Evan, Grundlagen der Wildnispädagogik mit dem *Coyote*-Guide zu einer tieferen Verbindung mit der Natur, Band 1 – Handbuch für Mentoren, Extertan 2014

Young, Jon / Haas, Ellen/McGrown, Evan, Grundlagen der Wildnispädagogik mit dem *Coyote*-Guide zu einer tieferen Verbindung mit der Natur, Band 2 – Handbuch der Aktivitäten, Extertal 2017

Zink, Jörg, Das offene Gastmahl, Gütersloh 2013

Bibliografische Information der Deutschen Nationalbibliothek

Die Deutsche Nationalbibliothek verzeichnet diese Publikation in der Deutschen Nationalbibliografie; detaillierte bibliografische Daten sind im Internet über ‹http://dnb.d-nb.de› abrufbar.

1. Auflage 2018

www.echter.de

Umschlag: wunderlichundweigand.de (Foto: gettyimages)
Satz: Hain-Team (www.hain-team.de)
Druck und Bindung: CPI books – Clausen & Bosse, Leck

ISBN
978-3-429-04442-8

Siegfried Lenz

Der Geist der Mirabelle

Geschichten aus Bollerup
126 Seiten, Lin

Siegfried Lenz ist heute neben Heinrich Böll Deutschlands populärster Schriftsteller. Nach wie vor strebt er den soliden und menschenfreundlichen, den womöglich wirkungsvollen Pakt mit dem Leser an. Ein Millionenpublikum weiß ihm dafür zu danken.

Mit seinem neuen Buch knüpft er unmißverständlich an die »Suleyken«-Geschichten von 1955 an. Und wie Suleyken erweist sich auch Bollerup als ein höchst wunderlicher und – in des Wortes doppelter Bedeutung – merkwürdiger Ort.

Lenz zeigt ein Dorf von heute. Dennoch zeichnet sich Bollerup – und dieses Dorf steht hier für das Landleben schlechthin – durch etwas aus, was man der Stadt in gleichem Maße, so meint es jedenfalls Lenz, nicht nachsagen könne: durch »eine eigentümliche Erlebnisfähigkeit und eine spezifische Art, auf Erlebtes zu reagieren«. Eben diese Besonderheit der Bolleruper hat Siegfried Lenz mit liebevoller Sorgfalt gezeigt, ohne Übertreibungen, auch hanebüchene, zu scheuen. Doch dienen seine scherzhaften und skurrilen Übertreibungen der Deutlichkeit, ja der Wahrheitsfindung.

Wahrscheinlich kann man Bollerup – ebenso wie Suleyken – in keinem Atlas finden. Aber Bollerup wird, ähnlich wie jenes masurische Dorf, einen festen Platz haben: auf der Karte der Literatur. *Marcel Reich-Ranicki* in der FAZ